네이티브가 **매일 쓰는** 진짜 일본어 회화

GO! 독학 일본어 상황 표현 222

후지이 와카나 지음

GO! 독학 일본어 상황 표현 222

초판 1쇄 발행 2024년 3월 12일

지은이 후지이 와카나
펴낸곳 (주)에스제이더블유인터내셔널
펴낸이 양홍걸 이시원

홈페이지 japan.siwonschool.com
주소 서울시 영등포구 영신로 166 시원스쿨
교재 구입 문의 02)2014-8151
고객센터 02)6409-0878

ISBN 979-11-6150-823-8
Number 1-310201-25252521-09

저자의 말

안녕하세요. 후지이입니다.

「習うより慣れよ」라는 일본 속담을 아시나요? 사실 한국에도 비슷한 속담이 있어요. 한국어로는 '연습이 완벽함을 만든다'는 뜻이에요. 꾸준한 연습과 반복적인 훈련을 통해 익숙해지는 것이 습득이 빠르다는 의미이죠. 어학을 습득할 때 중요한 것은 익숙해지는 것이라고 생각해요.

'공부는 했는데 왜 자연스럽게 일본어를 내뱉지 못할까?'라고 느끼는 초급 학습자들이 많을 거예요. 그것은 배운 내용을 실제로 활용할 기회가 적기 때문이고, 활용할 기회가 없으니 당연히 익숙해질 수도 없다고 생각해요.

이 책의 특징은 적은 양부터 천천히 익숙해질 수 있다는 점이에요. 단어로 시작해서 단어와 단어를 연결하고, 그것이 조금씩 문장이 되어 가는 과정을 학습하는 것이죠. 아무리 어휘량이 많아도 그것의 활용 방법이나 같이 자주 사용하는 동사나 조사 등을 모르면 제대로 사용할 수 없어요.

이 책은 네이티브가 매일 쓰는 진짜 일본어 표현을 수록했어요. 여가 활동, 직장 생활, 연애, 다이어트, 맛집 탐방 등 다양하고 생생한 주제로 일본어를 보다 쉽고 재미있게 익힐 수 있어요. 특히 직장 상사, 선후배, 친구 사이 등 대상에 따라 누구와도 자연스럽게 대화할 수 있도록 반말과 존댓말 표현을 모두 담았어요. 통째로 외워서 일본인과 이야기할 때나 SNS에 글을 올릴 때 활용해 보세요.

마지막으로 제가 외국어를 공부했을 때 효과를 느낀 연습 방법을 말씀드리자면 음원을 들으며 문장을 몇 십번씩 소리 내어 읽고 외운 후, 제 목소리를 실제로 녹음하는 것이었어요. 녹음을 함으로써 스스로의 발음을 확인할 수도 있고 실제로 말할 때와 같은 긴장감도 느낄 수 있거든요. 이 책으로 꼭 일본어를 꾸준히 연습해서 일본어에 익숙해지기를 바랄게요.

皆さん、頑張ってください(여러분, 파이팅하세요)!

후지이 와카나

목차

슬기로운 여가 생활

썸, 연애의 모든 것

직장인의 기쁨 월급날

여자의 변신은 무죄

이렇게 만들었어요

1 네이티브가 매일 쓰는 일본어 상황 표현 222개를 담았어요!

'GO! 독학 일본어 표현' 시리즈는 일상 표현과 상황 표현, 총 2권으로 구성되어 있습니다. 식사, 운동, 쇼핑, 연애, 공부, 휴가, 캠핑, 병원 진료 등 다양하고 생생한 주제로 일본어를 보다 재미있고 자연스럽게 익힐 수 있습니다.

- 주제별 일상 표현
  + 호응 표현 222개

- 주제별 상황 표현
  + 호응 표현 222개

2 하루에 딱 11개 표현만 외우세요!

본 교재는 주제별로 하루에 11개 표현을 학습할 수 있도록 구성하였습니다. 하루에 정해진 표현을 20일간 집중하여 학습하면, 일본어 말하기 실력을 탄탄히 다질 수 있습니다.

✔ 하루에 11개 표현을 매일 학습하세요!
단, 학습자의 성향에 맞게 학습 속도를 조절하시면 됩니다.

✔ 20일 동안 끝까지 한 번 학습했다면, 다시 처음으로 돌아가서 보고, 듣고, 읽고, 쓰면서 반복 학습해 보세요. 학습 효과를 극대화할 수 있어요.

3 체계적이고 탄탄하게 학습해요!

총 6단계에 맞춰 학습과 복습을 반복하며 체계적이고 단계적으로 말하기 훈련을 할 수 있도록 설계했습니다.

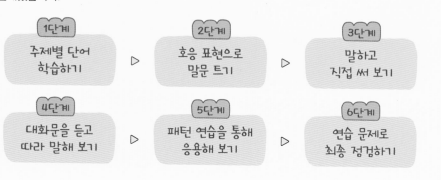

- 1단계: 주제별 단어 학습하기 ▷
- 2단계: 호응 표현으로 말문 트기 ▷
- 3단계: 말하고 직접 써 보기
- 4단계: 대화문을 듣고 따라 말해 보기 ▷
- 5단계: 패턴 연습을 통해 응용해 보기 ▷
- 6단계: 연습 문제로 최종 점검하기

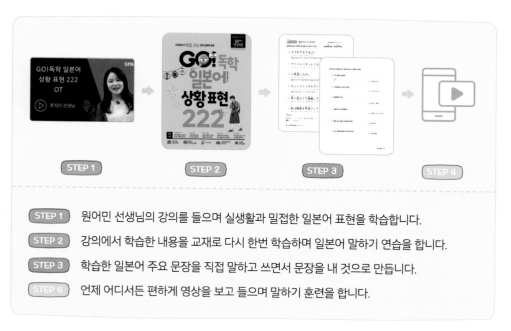

4 이 순서대로 학습해요!

STEP 1

STEP 2

STEP 3

STEP 4

STEP 1 원어민 선생님의 강의를 들으며 실생활과 밀접한 일본어 표현을 학습합니다.

STEP 2 강의에서 학습한 내용을 교재로 다시 한번 학습하며 일본어 말하기 연습을 합니다.

STEP 3 학습한 일본어 주요 문장을 직접 말하고 쓰면서 문장을 내 것으로 만듭니다.

STEP 4 언제 어디서든 편하게 영상을 보고 들으며 말하기 훈련을 합니다.

이 책을 효과적으로 학습하는 방법

1단계 주제별 단어로 혼자서도 충분하다!

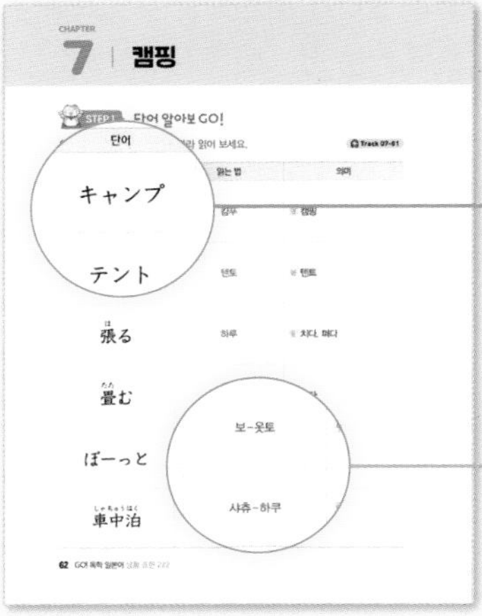

단어 알아보GO!

학습의 편의를 위해 일상 생활에서 꼭 필요한 일본어 단어만을 모아 주제별로 정리했어요. 일본어 단어의 읽는 법과 뜻을 참고하여 일본어 단어를 빠르게 익혀 보세요.

실제 일본어 발음과 가장 가까운 발음 표기로 왕초보 학습자들도 쉽고 정확하게 학습할 수 있어요.

2단계 덩어리 표현으로 빠르게 어휘력을 늘린다!

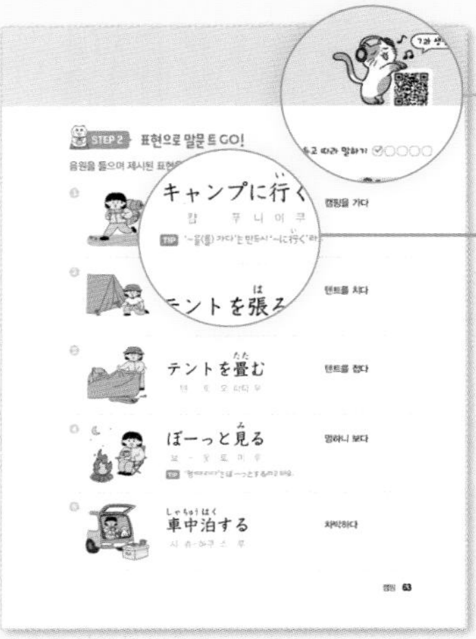

표현으로 말문 트GO!

일본어를 덩어리 표현으로 외우면 표현의 쓰임을 이해하기 쉽고 자연스럽게 일본어를 습득할 수 있어요. 100개의 호응 표현으로 일본어를 보다 재미있게 학습해 보세요.

각 챕터에 제시된 QR 코드를 스캔하면 언제 어디서든 편하게 음원을 들을 수 있어요.

3단계 쓰고 말할 수 있어야 진정 내 것이 된다!

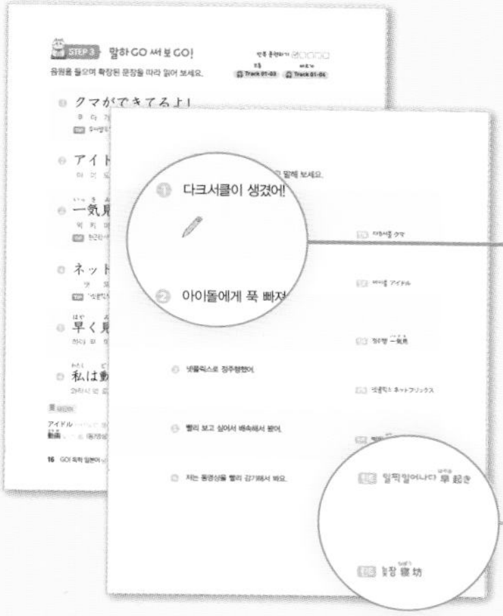

말하GO 써보GO!

앞에서 학습한 호응 표현을 문장으로 자연스럽게 익혀 보세요. 단어나 덩어리 표현이 문장에서 어떻게 활용되는지 한눈에 볼 수 있어 이해하기가 쉬워요. 그런 후에는 직접 말하고 써 보면서 문장을 완전히 숙지하세요.

힌트 단어를 참고해서 문장을 쓰고 말해 보세요.

4단계 하루 10분이면 일본인과 말할 수 있다!

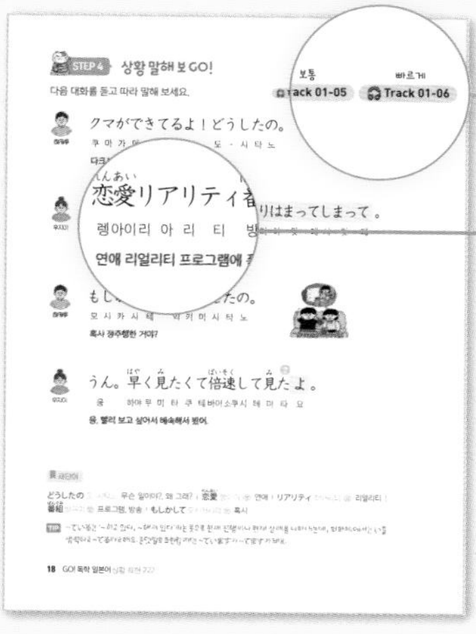

상황 말해 보GO!

실생활에서 자주 쓰는 활용도 높은 일본어 회화 표현을 담았어요. 하고 싶은 말을 자유롭게 하며 일본어 말하기 훈련을 해 보세요.

보통 속도와 빠르게 속도의 원어민 MP3 음원으로 말하기 훈련을 할 수 있어요.

5단계 하나를 알면 열을 안다!

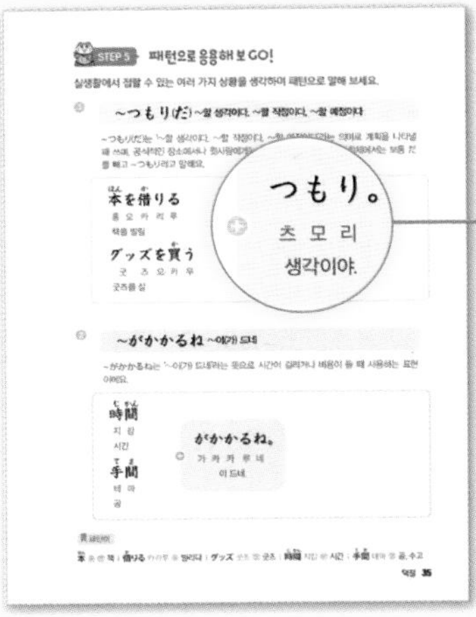

패턴으로 응용해 보GO!

표현만 쏙쏙 바꿔 말하면 일본어가 술술 나와요. 다양한 상황에서 자유롭게 일본어 문장을 응용해서 말해 보세요.

6단계 연습만이 살길이다!

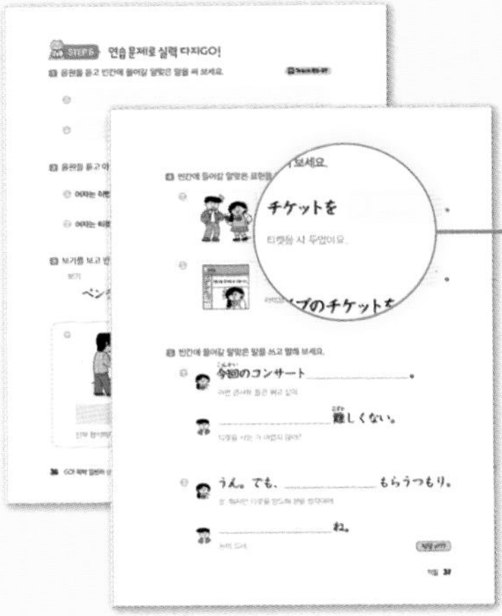

연습 문제로 실력 다지GO!

듣기, 말하기, 읽기, 쓰기 모든 영역을 아우르는 다양한 연습 문제를 풀어 보며 자신의 실력을 최종 확인할 수 있어요.

아낌없이 주는 알찬 부가 자료

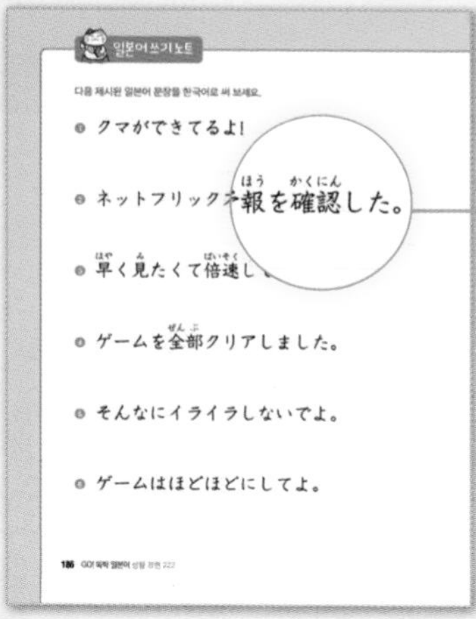

일본어 쓰기 노트

60개의 핵심 문장을 꾸준히 쓰면서 훈련하는 나만의 일본어 쓰기 노트예요. 직접 써 봄으로써 일본어 학습의 재미를 한층 더 느껴 보세요.

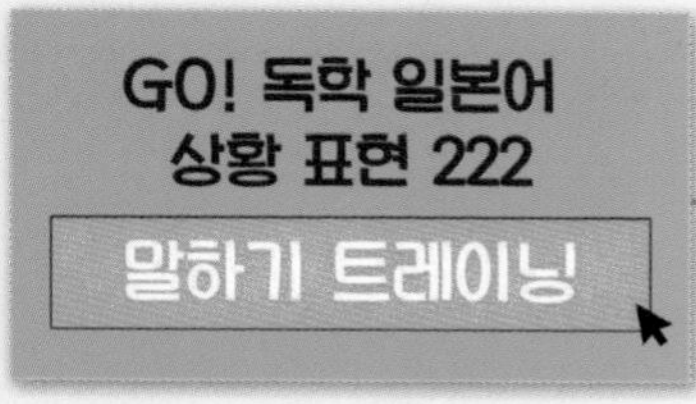

유튜브에 'GO! 독학 일본어 상황 표현 222'를 검색하여 시청 가능해요.

말하기 트레이닝 영상

통암기가 가능한 말하기 트레이닝 영상으로 반복 훈련하며 실력을 한 단계 업그레이드해 보세요.

시원스쿨 일본어(japan.siwonschool.com) 홈페이지 로그인 ▶ 학습지원센터 ▶ 공부자료실 ▶ 도서명 검색한 후 무료로 다운로드 가능합니다.

속도별 MP3 음원

자신의 수준에 맞게 학습할 수 있도록 보통 속도와 빠르게 속도의 원어민 MP3 음원을 제공해요. 보통 속도로 들어 보며 원어민의 정확한 발음을 따라 연습해 보고, 빠르게 속도로 들어 보며 실제 원어민의 속도에 가깝게 말하기 훈련을 해 보세요.

학습 계획표

20일 학습 플랜

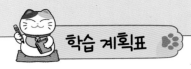

일차		학습 내용	학습 날짜
1주	1일	정주행	월 / 일
	2일	게임	/
	3일	덕질	/
	4일	애니메이션	/
	5일	사진	/
2주	6일	맛집	/
	7일	캠핑	/
	8일	반려견	/
	9일	미팅	/
	10일	썸	/
3주	11일	연애	/
	12일	이별	/
	13일	월급	/
	14일	휴가	/
	15일	회식	/
4주	16일	퇴사	/
	17일	헤어 스타일	/
	18일	퍼스널 컬러	/
	19일	병원	/
	20일	다이어트	/

40일 학습 플랜

일차	1일	2일	3일	4일
학습 내용	정주행		게임	
학습 날짜	월 / 일	/	/	/
일차	5일	6일	7일	8일
학습 내용	덕질		애니메이션	
학습 날짜	/	/	/	/
일차	9일	10일	11일	12일
학습 내용	사진		맛집	
학습 날짜	/	/	/	/
일차	13일	14일	15일	16일
학습 내용	캠핑		반려견	
학습 날짜	/	/	/	/
일차	17일	18일	19일	20일
학습 내용	미팅		썸	
학습 날짜	/	/	/	/
일차	21일	22일	23일	24일
학습 내용	연애		이별	
학습 날짜	/	/	/	/
일차	25일	26일	27일	28일
학습 내용	월급		휴가	
학습 날짜	/	/	/	/
일차	29일	30일	31일	32일
학습 내용	회식		퇴사	
학습 날짜	/	/	/	/
일차	33일	34일	35일	36일
학습 내용	헤어 스타일		퍼스널 컬러	
학습 날짜	/	/	/	/
일차	37일	38일	39일	40일
학습 내용	병원		다이어트	
학습 날짜	/	/	/	/

CHAPTER

1 | 정주행

STEP 1 단어 알아보 GO!

음원을 들으며 제시된 단어를 따라 읽어 보세요. Track 01-01

단어	읽는 법	의미
クマ	쿠마	명 다크서클
できる	데키루	동 생기다
すっかり	슥카리	부 푹, 완전히
はまる	하마루	동 빠지다
一気見(いっきみ)	익키미	명 정주행
倍速(ばいそく)	바이소쿠	명 배속
早送り(はやおくり)	하야오쿠리	명 빨리 감기, 보통 속도보다 빨리 앞으로 돌림

STEP 2 표현으로 말문 트 GO!

듣고 따라 말하기 ☑○○○○

음원을 들으며 제시된 표현을 따라 읽어 보세요.

Track 01-02

1

クマができる
쿠 마 가 데 키 루

다크서클이 생기다

2

すっかりはまる
슥 카 리 하 마 루

푹 빠지다

TIP はまる는 가타카나로 ハマる라고 표기하는 경우도 많아요.

3

いっきみ
一気見する
익 키 미 스 루

정주행하다

4

ばいそく
倍速する
바이 소쿠 스 루

배속하다

5

はやおく
早送りする
하야 오쿠 리 스 루

빨리 감기하다

STEP 3 말하 GO 써 보 GO!

반복 훈련하기 ☑◯◯◯◯

음원을 들으며 확장된 문장을 따라 읽어 보세요.

보통 Track 01-03 빠르게 Track 01-04

❶ クマができてるよ!

쿠 마 가 데 키 테 루 요

TIP 우리말로 '다크서클이 생겼어'는 과거형으로 표현하지만 일본어로는 현재 진행형으로 표현해요.

❷ アイドルにすっかりはまっています。

아 이 도 루 니 슥 카 리 하 맛 테 이 마 스

❸ 一気見(いっきみ)したの。

익 키 미 시 타 노

TIP 친한 사이에 질문할 때 문장 끝에 の를 붙이면 부드럽게 질문하는 뉘앙스를 줘요.

❹ ネットフリックスで一気見(いっきみ)しました。

넷 토 후 릭 쿠 스 데 익 키 미 시 마 시 타

TIP '넷플릭스'를 줄여서 ネトフリ라고도 많이 말해요.

❺ 早(はや)く見(み)たくて倍速(ばいそく)して見(み)たよ。

하야 쿠 미 타 쿠 테 바이소쿠 시 테 미 타 요

❻ 私(わたし)は動画(どうが)を早送(はやおく)りして見(み)ます。

와타시 와 도- 가 오 하야오쿠 리 시 테 미 마 스

새단어

アイドル 아이도루 명 아이돌 | ネットフリックス 넷토후릭쿠스 명 넷플릭스 | 早(はや)く 하야쿠 부 빨리 | 見(み)る 미루 동 보다 | 動画(どうが) 도-가 명 (동)영상

제시된 우리말을 보고 일본어로 쓰고 말해 보세요.

1. 다크서클이 생겼어!

힌트 다크서클 クマ

2. 아이돌에게 푹 빠져 있어요.

힌트 아이돌 アイドル

3. 정주행한 거야?

힌트 정주행 一気見(いっきみ)

4. 넷플릭스로 정주행했어.

힌트 넷플릭스 ネットフリックス

5. 빨리 보고 싶어서 배속해서 봤어.

힌트 빨리 早く(はや)

6. 저는 동영상을 빨리 감기해서 봐요.

힌트 (동)영상 動画(どうが)

STEP 4 상황 말해 보 GO!

다음 대화를 듣고 따라 말해 보세요.

보통 Track 01-05 빠르게 Track 01-06

리쿠

クマができてるよ！どうしたの。

쿠 마 가 데 키 테 루 요 도 - 시 타 노

다크서클이 생겼어! 무슨 일이야?

와카나

恋愛(れんあい)リアリティ番組(ばんぐみ)に **すっかりはまってしまって** ①。

렝아이리 아 리 티 방구미니 슥 카 리 하 맛 테시 맛 테

연애 리얼리티 프로그램에 푹 빠져 버려서.

리쿠

もしかして、一気見(いっきみ)したの。

모 시 카 시 테 익 키 미 시 타 노

혹시 정주행한 거야?

와카나

うん。早(はや)く見(み)たくて倍速(ばいそく)して見(み)た **よ** ②。

웅 하야 쿠 미 타 쿠 테바이소쿠시 테 미 타 요

응, 빨리 보고 싶어서 배속해서 봤어.

새단어

どうしたの 도-시타노 무슨 일이야?, 왜 그래? | 恋愛(れんあい) 렝아이 ⓜ 연애 | リアリティ 리아리티 ⓜ 리얼리티 | 番組(ばんぐみ) 방구미 ⓜ 프로그램, 방송 | もしかして 모시카시테 ⓟ 혹시

TIP ~ている는 '~하고 있다, ~해져 있다'라는 뜻으로 현재 진행이나 현재 상태를 나타내는데, 회화체에서는 보통 い를 생략하고 ~てる라고 해요. 존댓말로 표현할 때는 ~ていますが ~てますが 돼요.

STEP 5 패턴으로 응용해 보 GO!

실생활에서 접할 수 있는 여러 가지 상황을 생각하며 패턴으로 말해 보세요.

❶ すっかりはまってしまって 푹 빠져 버려서

すっかりはまってしまって는 '푹 빠져 버려서'라는 뜻으로 사물이나 음식 등 어떤 분야에 심취하거나 몰입했을 때 쓰는 표현이에요.

日本(にほん)のドラマに
니 홍 노 도 라 마 니
일드에

この お菓子(かし)に
코 노 오 카 시 니
이 과자에

\+ すっかりはまってしまって。
슥 카 리 하 맛 테 시 맛 테
푹 빠져 버려서.

❷ ～よ 강조하거나 정보 전달할 때 사용

문장 끝에 붙는 よ는 말을 강조하거나 상대방이 모르는 것을 알려줄 때 사용하는 표현이에요.

この番組(ばんぐみ)はスマホで見(み)た
코 노 방 구미 와 스 마 호 데 미 타
이 프로그램은 스마트폰으로 봤

この映画(えいが)は公開日(こうかいび)に見(み)た
코 노 에- 가 와 코- 카이 비 니 미 타
이 영화는 개봉일에 봤

\+ よ。
요
어.

새단어

日本(にほん) 니홍 지명 일본 | ドラマ 도라마 명 드라마 | お菓子(かし) 오카시 명 과자 | スマホ 스마호 명 스마트폰 | 映画(えいが) 에-가 명 영화 | 公開日(こうかいび) 코-카이비 명 개봉일

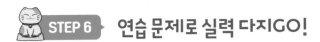

STEP 6 연습 문제로 실력 다지GO!

1 음원을 듣고 빈칸에 들어갈 알맞은 말을 써 보세요. Track 01-07

①

②

2 음원을 듣고 아래의 내용이 맞으면 O, 틀리면 X 표시해 보세요. Track 01-08

① 여자는 일드에 푹 빠졌다.

② 여자는 프로그램을 정주행했다.

3 보기를 보고 빈칸에 들어갈 알맞을 말을 찾아 써 보세요.

보기

すっかり　　クマ　　倍速(ばいそく)　　一気見(いっきみ)

①

＿＿＿＿ができる

다크서클이 생기다

②

＿＿＿＿はまる

푹 빠지다

4 빈칸에 들어갈 알맞은 표현을 써 보세요.

1

ネットフリックスで ＿＿＿＿＿＿＿＿ 。

넷플릭스로 정주행했어.

2

早(はや)く見(み)たくて ＿＿＿＿＿＿＿＿ 。

빨리 보고 싶어서 배속해서 봤어.

5 빈칸에 들어갈 알맞은 말을 쓰고 말해 보세요.

1

クマができてるよ！＿＿＿＿＿＿＿＿。

다크서클이 생겼어! 무슨 일이야?

＿＿＿＿＿＿＿＿にすっかりはまってしまって。

연애 리얼리티 프로그램에 푹 빠져 버려서.

2

＿＿＿＿＿＿＿＿、一気見(いっきみ)したの。

혹시 정주행한 거야?

うん。＿＿＿＿＿＿＿＿倍速(ばいそく)して見(み)たよ。

응, 빨리 보고 싶어서 배속해서 봤어.

정답 p176

CHAPTER

2 | 게임

STEP 1 단어 알아보 GO!

음원을 들으며 제시된 단어를 따라 읽어 보세요.

Track 02-01

단어	읽는 법	의미
クリア	쿠리아	명 클리어
イライラ	이라이라	명 짜증
課金(かきん)	카킹	명 현질(게임 아이템 현금 구매), 과금(가격을 부과하는 것)
ほどほどに	호도호도니	부 적당히
アイテム	아이테무	명 아이템
手(て)	테	명 손
入(い)れる	이레루	동 넣다

2과 생생 사운드

STEP 2 표현으로 말문 트 GO!

듣고 따라 말하기 ☑○○○○

음원을 들으며 제시된 표현을 따라 읽어 보세요.

Track 02-02

1

クリアする 깨다, 클리어하다

쿠 리 아 스 루

2

イライラする 짜증나다, 짜증내다

이 라 이 라 스 루

TIP イライラする는 생각대로 되지 않아서 초조하거나 불안할 때 사용하는 표현이에요.

3

課金(かきん)する 현질하다, 과금하다

카 킨 스 루

4

ほどほどにする 적당히 하다, 정도껏 하다

호 도 호 도 니 스 루

5

アイテムを手(て)に入(い)れる 아이템을 손에 넣다

아 이 테 무 오 테 니 이 레 루

STEP 3 말하 GO 써 보 GO!

반복 훈련하기 ☑☐☐☐☐

음원을 들으며 확장된 문장을 따라 읽어 보세요.

보통 Track 02-03　빠르게 Track 02-04

❶ ゲームを全部(ぜんぶ)クリアしました。
게 - 무 오 젬 부 쿠 리 아 시 마 시 타

❷ 全然(ぜんぜん)クリアできない。
젠 젱 쿠 리 아 데 키 나 이

TIP 동사의 부정은 ~ない라고 하며, 정중체로는 ~ないです라고 해요.

❸ そんなにイライラしないでよ。
손 나 니 이 라 이 라 시 나 이 데 요

TIP 동사 ない형+で는 '~하지 마'라는 뜻으로 반말의 금지 표현이에요.

❹ アイテム課金(かきん)しようかな。
아 이 테 무 카 킨 시 요 - 카 나

❺ ゲームはほどほどにしてよ。
게 - 무 와 호 도 호 도 니 시 테 요

TIP ~て는 '~해, ~해 줘'라는 뜻으로 친한 사이에 명령하거나 요구할 때 사용해요.

❻ アイテムをやっと手(て)に入(い)れたよ。
아 이 테 무 오 얏 토 테 니 이 레 타 요

새단어

ゲーム 게-무 명 게임 | 全部(ぜんぶ) 젬부 명 전부 | 全然(ぜんぜん) 젠젱 부 전혀 | できる 데키루 동 할 수 있다 |
そんなに 손나니 부 그렇게 | やっと 얏토 부 겨우, 간신히

제시된 우리말을 보고 일본어로 쓰고 말해 보세요.

1 게임을 전부 깼어요.

힌트 전부 全部(ぜんぶ)

2 전혀 못 깨겠어.

힌트 전혀 全然(ぜんぜん)

3 그렇게 짜증내지 마.

힌트 짜증 イライラ

4 아이템 현질할까.

힌트 아이템 アイテム

5 게임은 적당히 해.

힌트 적당히 ほどほどに

6 아이템을 겨우 손에 넣었어.

힌트 겨우, 간신히 やっと

STEP 4 상황 말해 보 GO!

다음 대화를 듣고 따라 말해 보세요.

보통 Track 02-05 빠르게 Track 02-06

하루토

このステージ、全然(ぜんぜん)クリアできない。

코 노 스 테 - 지 젠 젱 쿠 리 아 데 키 나 이

이 스테이지, 전혀 못 깨겠어.

미나

そんなにイライラしないでよ。

손 나 니 이 라 이 라 시 나 이 데 요

그렇게 짜증내지 마.

하루토

❶

アイテム課金(かきん)しよう かな 。

아 이 테 무 카 킨 시 요 - 카 나

아이템 현질할까.

❷

미나

ねー、ほどほどにしてよ。

네 - 호 도 호 도 니 시 테 요

야, 적당히 해.

새단어

ステージ 스테-지 ㉠ 스테이지, 단계 | ねー 네- 야, 저기, 있잖아

STEP 5 패턴으로 응용해 보GO!

실생활에서 접할 수 있는 여러 가지 상황을 생각하며 패턴으로 말해 보세요.

❶ ～かな ～할까?

동사의 의지형+かな는 '～할까?'라는 뜻으로 무언가를 할까 말까 생각하거나 망설일 때 사용해요.

そろそろ寝(ね)よう
소 로 소 로 네 요 -
슬슬 잘

少(すこ)し休(やす)もう
스코 시 야스 모 -
좀 쉴

＋ かな。
카 나
까

❷ ねー 야, 저기, 있잖아

ねー는 '야, 저기, 있잖아'라는 뜻으로 친한 친구 사이에 편하게 부를 때 쓰는 표현이에요. ねー를 ねえ라고 표기하기도 해요.

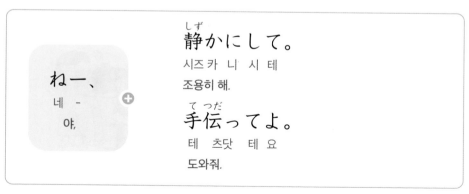

ねー、
네 -
야,

＋ 静(しず)かにして。
시즈 카 니 시 테
조용히 해.

手伝(てつだ)ってよ。
테 츠닷 테 요
도와줘.

새단어

そろそろ 소로소로 ㊕ 슬슬 | 寝(ね)る 네루 ㊍ 자다 | 少(すこ)し 스코시 ㊕ 좀 | 休(やす)む 야스무 ㊍ 쉬다 | 静(しず)かに 시즈카니 ㊕ 조용히, 고요히 | 手伝(てつだ)う 테츠다우 ㊍ 도와주다

STEP 6 연습 문제로 실력 다지GO!

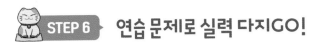

1 음원을 듣고 빈칸에 들어갈 알맞은 말을 써 보세요. Track 02-07

①

②

2 음원을 듣고 아래의 내용이 맞으면 O, 틀리면 X 표시해 보세요. Track 02-08

① 남자는 스테이지 최고 기록을 경신했다.

② 남자는 아이템을 구매할지 고민 중이다.

3 보기를 보고 빈칸에 들어갈 알맞을 말을 찾아 써 보세요.

보기

クリア　イライラ　課金(かきん)　ほどほどに

①

＿＿＿＿する

짜증나다, 짜증내다

②

＿＿＿＿する

적당히 하다, 정도껏 하다

4 빈칸에 들어갈 알맞은 표현을 써 보세요.

1 

ゲームを全部(ぜんぶ) ＿＿＿＿＿＿＿＿ 。

게임을 전부 깼어요.

2 

＿＿＿＿＿＿＿＿ 手(て)に入(い)れたよ。

아이템을 겨우 손에 넣었어.

5 빈칸에 들어갈 알맞은 말을 쓰고 말해 보세요.

1 

このステージ、＿＿＿＿＿＿＿＿。

이 스테이지, 전혀 못 깨겠어.

そんなに＿＿＿＿＿＿＿＿よ。

그렇게 짜증내지 마.

2 

アイテム＿＿＿＿＿＿＿＿。

아이템 현질할까.

ねー、＿＿＿＿＿＿＿＿よ。

야, 적당히 해.

정답 p176

CHAPTER

3 | 덕질

STEP 1 단어 알아보 GO!

음원을 들으며 제시된 단어를 따라 읽어 보세요.

Track 03-01

단어	읽는 법	의미
全通(ぜんつう)	젠츠–	명 전부 참석, 올콘(콘서트 일정을 다 가는 것)
チケット	치켓토	명 티켓
取(と)る	토루	동 잡다, (자기 것으로) 차지하다
譲(ゆず)る	유즈루	동 양도하다, 양보하다
お金(かね)	오카네	명 돈
かかる	카카루	동 (시간이나 비용이) 들다
ペンライト	펜라이토	명 야광봉
振(ふ)る	후루	동 흔들다

STEP 2 표현으로 말문 트 GO!

듣고 따라 말하기 ☑○○○○

음원을 들으며 제시된 표현을 따라 읽어 보세요.

Track 03-02

1

全通(ぜんつう)する　전부 참석하다, 올콘 뛰다

젠 츠- 스 루

TIP 全通(ぜんつう)는 全部通(ぜんぶかよ)う의 줄임말이에요. 줄임말이 되면서 通의 읽는 법이 달라지기 때문에 발음할 때 주의해야 해요.

2

チケットを取(と)る　티켓을 사다

치 켓 토 오 토 루

TIP チケットを取(と)る는 '티켓을 사는 것'뿐만 아니라 '자리를 잡는다'는 뜻도 포함되어 있어요. チケットを買(か)う라고 해야 단순히 '티켓을 사는 것'을 의미해요.

3

チケットを譲(ゆず)る　티켓을 양도하다

치 켓 토 오 유즈 루

4

お金(かね)がかかる　돈이 들다

오 카네 가 카 카 루

5

ペンライトを振(ふ)る　야광봉을 흔들다

펜 라 이 토 오 후 루

STEP 3 말하 GO 써 보 GO!

반복 훈련하기 ☑○○○○

음원을 들으며 확장된 문장을 따라 읽어 보세요.

보통 Track 03-03 빠르게 Track 03-04

1 コンサート全通(ぜんつう)したいよ。
콘 사 - 토 젠츠- 시 타 이 요

2 チケットを取(と)っておきました。
치 켓 토 오 톳 테 오 키 마 시 타

TIP ~ておく는 '~해 두다, ~해 놓다'라는 뜻이에요.

3 チケットを取(と)るの難(むずか)しくない。
치 켓 토 오 토 루 노무즈카시 쿠 나 이

4 ライブのチケットを譲(ゆず)ってください。
라 이 부 노 치 켓 토 오 유즛 테 쿠 다 사 이

TIP ~てください는 '~해 주세요'라는 뜻이며, 반말로 말할 때는 ください를 빼고 て라고만 말하면 돼요.

5 チケットを買(か)うのはお金(かね)がかかるね。
치 켓 토 오 카 우 노 와 오 카네 가 카 카 루 네

TIP 말끝에 붙는 ね는 '~네, ~구나'라는 뜻으로 말을 부드럽게 만들거나 상대방에게 공감이나 동의를 구할 때 사용하는 표현이에요.

6 ペンライトを振(ふ)って応援(おうえん)します。
펜 라 이 토 오 훗 테 오- 엔 시 마 스

새단어

コンサート 콘사-토 명 콘서트 | おく 오쿠 동 두다, 놓다 | 難(むずか)しい 무즈카시- 형 어렵다 | ライブ 라이부 명 라이브 | 買(か)う 카우 동 사다 | 応援(おうえん)する 오-엔스루 동 응원하다

제시된 우리말을 보고 일본어로 쓰고 말해 보세요.

1. 콘서트 올콘 뛰고 싶어.

힌트 콘서트 コンサート

2. 티켓을 사 두었어요.

힌트 티켓 チケット

3. 티켓을 사는 거 어렵지 않아?

힌트 어렵다 難しい(むずか)

4. 라이브 티켓을 양도해 주세요.

힌트 라이브 ライブ

5. 티켓을 사는 것은 돈이 드네.

힌트 돈 お金(かね)

6. 야광봉을 흔들어서 응원해요.

힌트 야광봉 ペンライト

STEP 4 상황 말해 보 GO!

다음 대화를 듣고 따라 말해 보세요.

보통 Track 03-05 빠르게 Track 03-06

미나

今回(こんかい)のコンサート全通(ぜんつう)したいよ。

콩카이노 콘 사 - 토 젠츠- 시 타 이 요

이번 콘서트 올콘 뛰고 싶어.

하루토

チケットを取(と)るの難(むずか)しくない。

치 켓 토 오 토 루 노 무즈카시 쿠 나 이

티켓을 사는 거 어렵지 않아?

미나

うん。でも、チケットを譲(ゆず)ってもらう **つもり** 。❶

웅 데 모 치 켓 토 오 유즛 테 모 라 우 츠 모 리

응. 하지만 티켓을 양도해 받을 생각이야.

하루토

お金(かね) **がかかるね** 。❷

오 카네 가 카 카 루 네

돈이 드네.

새단어

今回(こんかい) 콩카이 ㉮ 이번, 금번 | でも 데모 ㉰ 하지만, 그래도 | もらう 모라우 ㉯ 받다, 얻다 | つもり 츠모리 ㉮ 생각, 작정

STEP 5 패턴으로 응용해 보 GO!

실생활에서 접할 수 있는 여러 가지 상황을 생각하며 패턴으로 말해 보세요.

1 ～つもり(だ) ～할 생각이다, ～할 작정이다, ～할 예정이다

～つもり(だ)는 '～할 생각이다, ～할 작정이다, ～할 예정이다'라는 의미로 계획을 나타낼 때 쓰며, 공식적인 장소에서나 윗사람에게는 사용하지 않아요. 또한 회화체에서는 보통 だ를 빼고 ～つもり라고 말해요.

本(ほん)を借(か)りる
홍 오 카 리 루
책을 빌릴

グッズを買(か)う
굿 즈 오 카 우
굿즈를 살

+

つもり。
츠 모 리
생각이야.

2 ～がかかるね ～이(가) 드네

～がかかるね는 '～이(가) 드네'라는 뜻으로 시간이 걸리거나 비용이 들 때 사용하는 표현이에요.

時間(じかん)
지 캉
시간

手間(てま)
테 마
공

+

がかかるね。
가 카 카 루 네
이 드네.

새단어

本(ほん) 홍 명 책 | 借(か)りる 카리루 동 빌리다 | グッズ 굿즈 명 굿즈 | 時間(じかん) 지캉 명 시간 | 手間(てま) 테마 명 공, 수고

STEP 6 연습 문제로 실력 다지GO!

1 음원을 듣고 빈칸에 들어갈 알맞은 말을 써 보세요. Track 03-07

①

②

2 음원을 듣고 아래의 내용이 맞으면 O, 틀리면 X 표시해 보세요. Track 03-08

① 여자는 이번 콘서트에 가고 싶어 하지 않는다.

② 여자는 티켓을 양도해 받을 생각이다.

3 보기를 보고 빈칸에 들어갈 알맞을 말을 찾아 써 보세요.

보기

ペンライト　　全通(ぜんつう)　　取(と)る　　チケット

①

______ する

전부 참석하다, 올콘 뛰다

②

______ を振(ふ)る

야광봉을 흔들다

4 빈칸에 들어갈 알맞은 표현을 써 보세요.

① 

チケットを＿＿＿＿＿＿＿＿。

티켓을 사 두었어요.

② 

ライブのチケットを＿＿＿＿＿＿。

라이브 티켓을 양도해 주세요.

5 빈칸에 들어갈 알맞은 말을 쓰고 말해 보세요.

① 

今回(こんかい)のコンサート＿＿＿＿＿＿＿＿。

이번 콘서트 올콘 뛰고 싶어.

＿＿＿＿＿＿＿＿難(むずか)しくない。

티켓을 사는 거 어렵지 않아?

② 

うん。でも、＿＿＿＿＿＿＿＿もらうつもり。

응. 하지만 티켓을 양도해 받을 생각이야.

＿＿＿＿＿＿＿＿ね。

돈이 드네.

정답 p177

CHAPTER

4 | 애니메이션

STEP 1 단어 알아보 GO!

음원을 들으며 제시된 단어를 따라 읽어 보세요. Track 04-01

단어	읽는 법	의미
実写化(じっしゃか)	짓샤카	명 실사화
される	사레루	동 되다(하다의 수동형)
話題(わだい)	와다이	명 화제
なる	나루	동 되다
絶賛(ぜっさん)	젯산	명 극찬, 절찬
ネタバレ	네타바레	명 스포, 스포일러
あり	아리	명 있음

STEP 2 표현으로 말문 트GO!

듣고 따라 말하기 ☑○○○○

음원을 들으며 제시된 표현을 따라 읽어 보세요.

Track 04-02

1

じっしゃか
実写化される
짓 샤 카 사 레 루

실사화 되다

TIP ‘실사화하다’는 実写化する(じっしゃか)라고 해요.

2

わだい
話題になる
와 다이 니 나 루

화제가 되다

3

ぜっさん
絶賛する
젯 산 스 루

극찬하다, 절찬하다

4

ネタバレする
네 타 바 레 스 루

스포하다

5

ネタバレあり
네 타 바 레 아 리

스포 있음

STEP 3 말하 GO 써 보 GO!

반복 훈련하기 ☑☐☐☐☐

보통 Track 04-03 빠르게 Track 04-04

음원을 들으며 확장된 문장을 따라 읽어 보세요.

1 アニメが実写化(じっしゃか)されました。

아 니 메 가 짓 샤 카 사 레 마 시 타

TIP されるは 동사 する의 수동형으로 '~되다, ~되어지다, ~당하다' 등으로 해석할 수 있어요.

2 実写化(じっしゃか)された映画(えいが)は好(す)きじゃない。

짓 샤 카 사 레 타 에- 가 와 스 키 쟈 나 이

TIP な형용사의 부정은 ~じゃない 또는 ~ではない로 표현할 수 있는데, 회화체에서는 ~じゃない를 더 많이 사용해요.

3 その映画(えいが)、話題(わだい)になってますよね。

소 노 에- 가 와 다이 니 낫 테 마 스 요 네

TIP ~よね는 '~죠, ~지'라는 질문 형태로 상대방에게 확인과 동의를 동시에 구하는 표현이에요.

4 原作者(げんさくしゃ)も絶賛(ぜっさん)していますよ。

겐 사쿠 샤 모 젯 산 시 테 이 마 스 요

5 ネタバレしないでください!

네 타 바 레 시 나 이 데 쿠 다 사 이

6 ネタバレするのは絶対禁止(ぜったいきんし)だよ。

네 타 바 레 스 루 노 와 젯 타이 킨 시 다 요

새단어

アニメ 아니메 명 애니메이션 | 好(す)きだ 스키다 형 좋아하다 | 原作者(げんさくしゃ) 겐사쿠샤 명 원작자 | 絶対(ぜったい) 젯타이 부 절대(로) | 禁止(きんし) 킨시 명 금지

제시된 우리말을 보고 일본어로 쓰고 말해 보세요.

1. 애니메이션이 실사화 됐어요.

   힌트 애니메이션 アニメ

2. 실사화 된 영화는 좋아하지 않아.

   힌트 영화 映画(えいが)

3. 그 영화 화제가 되고 있죠?

   힌트 화제 話題(わだい)

4. 원작자도 극찬하고 있어요.

   힌트 원작자 原作者(げんさくしゃ)

5. 스포하지 마세요!

   힌트 스포 ネタバレ

6. 스포하는 것은 절대 금지야.

   힌트 금지 禁止(きんし)

STEP 4 상황 말해 보 GO!

다음 대화를 듣고 따라 말해 보세요.

보통 Track 04-05 빠르게 Track 04-06

와카나
好(す)きなアニメが実写化(じっしゃか)されました。
스 키 나 아 니 메 가 짓 샤 카 사 레 마 시 타
좋아하는 애니메이션이 실사화 됐어요.

소우타
① あ！最近(さいきん)、話題(わだい)になってますよね。
아 사이 킹 와 다이 니 낫 테 마 스 요 네
아! 요즘 화제가 되고 있죠.

와카나
原作者(げんさくしゃ)も絶賛(ぜっさん)していますよ。結末(けつまつ)が……
겐 사 쿠 샤 모 젯 산 시 테 이 마 스 요 케츠마츠 가……
원작자도 극찬하고 있어요. 결말이……

소우타
② え、ネタバレしないでください！
에 네 타 바 레 시 나 이 데 쿠 다 사 이
어, 스포하지 마세요!

새단어

最近(さいきん) 사이킹 ㊔ 요즘, 최근 | 結末(けつまつ) 케츠마츠 ㊔ 결말

STEP 5 패턴으로 응용해 보 GO!

실생활에서 접할 수 있는 여러 가지 상황을 생각하며 패턴으로 말해 보세요.

① ~になってますよね ~이(가) 되고 있죠

~になってますよね는 '~이(가) 되고 있죠'라는 뜻으로 사람의 의지와 상관없이 자연적으로 어떠한 상태가 다른 상태로 변화할 때 쓰는 표현이에요.

もんだい
問題
몬 다이
문제

にんき
人気
닝 키
인기

＋ になってますよね。
니 낫 테 마 스 요 네
가(이) 되고 있죠?

② ~ないでください ~하지 마세요

~ないでください는 '~하지 마세요'라는 뜻으로 상대방에게 당부하거나 부탁할 때 쓰는 표현이에요. ない형을 만들고 연결해서 말하면 돼요.

さわ
触ら
사와 라
만지

た
食べ
타 베
먹

＋ ないでください！
나 이 데 쿠 다 사 이
지 마세요!

새단어

問題(もんだい) 몬다이 명 문제 | 人気(にんき) 닝키 명 인기 | 触る(さわる) 사와루 동 만지다 | 食べる(たべる) 타베루 동 먹다

STEP 6 연습 문제로 실력 다지GO!

1 음원을 듣고 빈칸에 들어갈 알맞은 말을 써 보세요. Track 04-07

①

②

2 음원을 듣고 아래의 내용이 맞으면 O, 틀리면 X 표시해 보세요. Track 04-08

① 여자가 좋아하는 애니메이션이 실사화 됐다.

② 남자는 결말을 미리 알고 싶어한다.

3 보기를 보고 빈칸에 들어갈 알맞을 말을 찾아 써 보세요.

보기

ネタバレ　　絶賛(ぜっさん)　　話題(わだい)　　実写化(じっしゃか)

①

＿＿＿＿ する

극찬하다, 절찬하다

②

＿＿＿＿ あり

스포 있음

4 빈칸에 들어갈 알맞은 표현을 써 보세요.

1

______、話題(わだい)になってますよね。

그 영화 화제가 되고 있죠?

2

ネタバレするのは ______。

스포하는 것은 절대 금지야.

5 빈칸에 들어갈 알맞은 말을 쓰고 말해 보세요.

1

好(す)きなアニメが ______。

좋아하는 애니메이션이 실사화 됐어요.

あ！最近(さいきん)、______ますよね。

아! 요즘 화제가 되고 있죠.

2

原作者(げんさくしゃ)も ______。結末(けつまつ)が……

원작자도 극찬하고 있어요. 결말이……

え、______ください！

어, 스포하지 마세요!

정답 p177

CHAPTER

5 | 사진

STEP 1 단어 알아보 GO!

음원을 들으며 제시된 단어를 따라 읽어 보세요. Track 05-01

단어	읽는 법	의미
記念写真(きねんしゃしん)	키넨샤싱	명 기념사진
撮(と)る	토루	동 (사진을) 찍다
カチューシャ	카츄–샤	명 머리띠
付(つ)ける	츠케루	동 (악세서리 등을) 하다, 착용하다
外(はず)す	하즈스	동 (낀 것을) 빼다, 풀다
サングラス	상구라스	명 선글라스
かける	카케루	동 (안경이나 선글라스 등을) 쓰다
盛(も)れる	모레루	동 (사진이 실물보다) 잘 나오다

STEP 2 표현으로 말문 트 GO!

듣고 따라 말하기 ☑○○○○

음원을 들으며 제시된 표현을 따라 읽어 보세요.

Track 05-02

1

記念写真(きねんしゃしん)を撮(と)る 기념사진을 찍다

키 넨 샤 싱 오 토 루

2

カチューシャを付(つ)ける 머리띠를 하다

카 츄 - 샤 오 츠 케 루

3

カチューシャを外(はず)す 머리띠를 빼다

카 츄 - 샤 오 하즈 스

4

サングラスをかける 선글라스를 쓰다

상 구 라 스 오 카 케 루

5

写真(しゃしん)が盛(も)れる 사진이 잘 나오다

샤 싱 가 모 레 루

STEP 3 말하 GO 써 보 GO!

반복 훈련하기 ☑○○○○

보통 Track 05-03 빠르게 Track 05-04

음원을 들으며 확장된 문장을 따라 읽어 보세요.

❶ 記念写真(きねんしゃしん)を撮(と)ろう!
키 넨 샤 싱 오 토 로 -

❷ このカチューシャを付(つ)けると似合(にあ)いますよ。
코 노 카 츄 - 샤 오 츠 케 루 토 니 아 이 마 스 요

❸ 頭(あたま)が痛(いた)いからカチューシャを外(はず)します。
아타마가 이타 이 카 라 카 츄 - 샤 오 하즈 시 마 스

TIP ~から는 '~니까, ~므로'라는 뜻으로 이유나 원인을 나타낼 때 사용해요.

❹ このサングラスをかける!
코 노 상 구 라 스 오 카 케 루

❺ 運転(うんてん)する時(とき)はサングラスをかけた方(ほう)がいいです。
운 텐 스 루 토키와 상 구 라 스 오 카 케 타 호- 가 이 - 데 스

TIP 동사의 과거형 + 方(ほう)がいい는 '~하는 편이 좋다'라는 뜻이에요.

❻ この写真(しゃしん)盛(も)れてるね!
코 노 샤 싱 모 레 테 루 네

TIP 우리말로는 '사진이 잘 나왔다'는 과거형으로 표현하지만 일본어로는 현재 진행형으로 표현해요.

새단어

~と ~토 ㊅ ~하면 | 似合(にあ)う 니아우 ㊍ 어울리다 | 頭(あたま) 아타마 ㊆ 머리 | 痛(いた)い 이타이 ㊇ 아프다 | ~から ~카라 ㊅ ~니까, ~므로 | 運転(うんてん)する 운텐스루 ㊍ 운전하다 | 時(とき) 토키 ㊆ 때 | 方(ほう) 호- ㊆ 편, 쪽 | いい 이- ㊇ 좋다

제시된 우리말을 보고 일본어로 쓰고 말해 보세요.

1. 기념사진을 찍자!

   힌트 기념사진 記念写真(きねんしゃしん)

2. 이 머리띠를 하면 어울려요.

   힌트 머리띠 カチューシャ

3. 머리가 아프니까 머리띠를 빼요.

   힌트 아프다 痛(いた)い

4. 이 선글라스를 쓸래!

   힌트 선글라스 サングラス

5. 운전할 때는 선글라스를 쓰는 게 좋아요.

   힌트 운전하다 運転(うんてん)する

6. 이 사진 잘 나왔네!

   힌트 잘 나오다 盛(も)れる

STEP 4 상황 말해 보 GO!

다음 대화를 듣고 따라 말해 보세요.

보통 Track 05-05 빠르게 Track 05-06

사나 せっかくだから記念写真(きねんしゃしん)を撮(と)ろう！

섹 카 쿠 다 카 라 키 넨 샤 싱 오 토 로 -

모처럼이니까 기념사진을 찍자!

쥰 いいね！ ❶ どの カチューシャを付(つ)ける。

이 - 네 도 노 카 츄 - 샤 오 츠 케 루

좋아! 어느 머리띠를 할래?

사나 私(わたし)はカチューシャじゃなくてサングラスをかける！

와타시 와 카 츄 - 샤 쟈 나 쿠 테 상 구 라 스 오 카 케 루

나는 머리띠 말고 선글라스를 쓸래!

쥰 お！ 写真(しゃしん) ❷ 出(で)てきた！この写真(しゃしん)盛(も)れてるね！

오 샤 싱 데 테 키 타 코 노 샤 싱 모 레 테 루 네

오! 사진 나왔다! 이 사진 잘 나왔네!

새단어

せっかく 섹카쿠 ㊛ 모처럼 | 出(で)てくる 데테쿠루 ㊐ 나오다

TIP 盛(も)れる는 원래 특유의 화장법으로 꾸미고 다니던 '갸루'의 유행어였으나, 이후 메이크업이 잘 되거나 사진이 잘 나왔을 때, 또는 스마트폰 앱으로 사진을 보정해서 실물보다 예뻐졌을 때 쓰는 표현으로 대중적으로 쓰이게 되었어요.

STEP 5 패턴으로 응용해 보 GO!

실생활에서 접할 수 있는 여러 가지 상황을 생각하며 패턴으로 말해 보세요.

❶ どの 어느

どの는 '어느'라는 뜻으로 특정한 명사를 지칭할 때 사용하며, 주로 どの+명사 형태로 쓰여요.

どの
도 노
어느

➕

メニューにする。
메 뉴 -니 스 루
메뉴로 할까?

お店(みせ)に行(い)く。
오 미세 니 이 쿠
가게에 갈까?

❷ ~(が)出(で)てきた ~가(이) 나왔다

~(が)出(で)てきた는 '~가(이) 나왔다'라는 뜻으로 주로 '명사+(が)出(で)てきた' 형태로 쓰이며, 회화체에서는 보통 조사 が를 생략하고 말해요.

彼(かれ)
카레
그

料理(りょうり)
료- 리
요리

➕

がでてきた!
가 데 테 키 타
가(이) 나왔다!

새단어

メニュー 메뉴- 명 메뉴 | お店(みせ) 오미세 명 가게 | 行(い)く 이쿠 동 가다 | 彼(かれ) 카레 대 그, 그 남자 | 料理(りょうり) 료-리 명 요리

STEP 6 연습 문제로 실력 다지GO!

1 음원을 듣고 빈칸에 들어갈 알맞은 말을 써 보세요. Track 05-07

❶

❷

2 음원을 듣고 아래의 내용이 맞으면 O, 틀리면 X 표시해 보세요. Track 05-08

❶ 여자는 선글라스를 썼다.

❷ 사진이 실물보다 못 나왔다.

3 보기를 보고 빈칸에 들어갈 알맞을 말을 찾아 써 보세요.

보기

記念写真(きねんしゃしん)　サングラス　盛(も)れる　外(はず)す

❶

＿＿＿＿を撮(と)る

기념사진을 찍다

❷

＿＿＿＿をかける

선글라스를 쓰다

4 빈칸에 들어갈 알맞은 표현을 써 보세요.

①

この ________ と似合(にあ)いますよ。

이 머리띠를 하면 어울려요.

②

この写真(しゃしん) ________ ！

이 사진 잘 나왔네!

5 빈칸에 들어갈 알맞은 말을 쓰고 말해 보세요.

① せっかくだから________！

모처럼이니까 기념사진을 찍자!

いいね！どの________。

좋아! 어느 머리띠를 할래?

② 私(わたし)は________！

나는 머리띠 말고 선글라스를 쓸래!

お！________！この写真(しゃしん)盛(も)れてるね！

오! 사진 나왔다! 이 사진 잘 나왔네!

정답 p178

CHAPTER

6 | 맛집

STEP 1 단어 알아보 GO!

음원을 들으며 제시된 단어를 따라 읽어 보세요.

Track 06-01

단어	읽는 법	의미
遠出(とおで)	토–데	명 멀리 나감
近場(ちかば)	치카바	명 가까운 곳, 근처
出る(で)	데루	동 나오다
口コミ(くち)	쿠치코미	명 후기, 입소문
よだれ	요다레	명 군침

STEP 2 표현으로 말문 트 GO!

듣고 따라 말하기 ☑◯◯◯◯

음원을 들으며 제시된 표현을 따라 읽어 보세요.

Track 06-02

1

とお で
遠出する

토- 데 스 루

멀리 나가다

TIP '멀리 나가다'를 직역해서 遠く出る(とお で)라고 표현하면 안 돼요.

2

ちか ば い
近場に行く

치카 바 니 이 쿠

가까운 곳에 가다

3

ばんぐみ で
番組に出る

방 구미 니 데 루

방송에 나오다

TIP '방송'을 그대로 직역해서 放送(ほうそう)라고 하면 안 돼요.

4

くち
口コミがいい

쿠치 코 미 가 이 -

후기가 좋다,
입소문이 나다

5

で
よだれが出る

요 다 레 가 데 루

군침이 돌다

STEP 3 말하 GO 써 보 GO!

반복 훈련하기 ☑○○○○

보통 Track 06-03 빠르게 Track 06-04

음원을 들으며 확장된 문장을 따라 읽어 보세요.

❶ 久(ひさ)しぶりに車(くるま)で遠出(とおで)します。

히사 시 부 리 니쿠루마데 토- 데 시 마 스

❷ 時間(じかん)がないから近場(ちかば)に行(い)こう。

지 캉 가 나 이 카 라 치카 바 니 이 코 -

❸ グルメ番組(ばんぐみ)に出(で)たお店(みせ)に行(い)きたい!

구 루 메 방 구미 니 데 타 오 미세 니 이 키 타 이

❹ 口(くち)コミもいいみたい。

쿠치 코 미 모 이 - 미 타 이

❺ 口(くち)コミがいいお店(みせ)は平日(へいじつ)でもお客(きゃく)さんが多(おお)いです。

쿠치 코 미 가 이 - 오 미세 와 헤-지츠 데 모 오 캬 상 가 오- 이 데 스

❻ 今(いま)からよだれが出(で)るね。

이마 카 라 요 다 레 가 데 루 네

새단어

久(ひさ)しぶり 히사시부리 ㊌ 오랜만, 오래간만 | 車(くるま) 쿠루마 ㊔ 차 | ない 나이 ㊖ 없다 | グルメ 구루메 ㊔ 맛집, 미식가, 맛있는 요리 | 平日(へいじつ) 헤-지츠 ㊔ 평일 | お客(きゃく)さん 오캬상 ㊔ 손님 | 多(おお)い 오-이 ㊖ 많다 | 今(いま)から 이마카라 ㊌ 벌써부터, 지금부터

제시된 우리말을 보고 일본어로 쓰고 말해 보세요.

❶ 오랜만에 차로 멀리 나가요.

힌트 오랜만, 오래간만 久(ひさ)しぶり

❷ 시간이 없으니 가까운 곳에 가자.

힌트 시간 時間(じかん)

❸ 맛집 방송에 나온 가게에 가고 싶어!

힌트 가게 お店(みせ)

❹ 후기도 좋은 것 같아.

힌트 후기 口(くち)コミ

❺ 후기가 좋은 가게는 평일이어도 손님이 많아요.

힌트 손님 お客(きゃく)さん

❻ 벌써부터 군침이 도네.

힌트 군침 よだれ

STEP 4 상황 말해 보 GO!

다음 대화를 듣고 따라 말해 보세요.

보통 Track 06-05 / 빠르게 Track 06-06

하루토 ①
ねえ、週末(しゅうまつ)は遠出(とおで)してご飯(はん)食(た)べない。
네 - 슈-마츠와 토-데시테 고항타베 나이
있잖아, 주말에는 멀리 나가서 밥 먹지 않을래?

미나
いいよ。グルメ番組(ばんぐみ)に出(で)たお店(みせ)に行(い)きたい！
이 - 요 구루메 방구미니 데 타 오미세니 이 키 타 이
좋아. 맛집 방송에 나온 가게에 가고 싶어!

하루토 ②
そうしよう。口(くち)コミもいいみたい。
소 - 시 요 - 쿠치코 미 모 이 - 미 타 이
그러자. 후기도 좋은 것 같아.

미나
今(いま)からよだれが出(で)るね。
이마 카 라 요 다 레 가 데 루 네
벌써부터 군침이 도네.

새단어

週末(しゅうまつ) 슈-마츠 ⓜ 주말 | ご飯(はん) 고항 ⓜ 밥 | そうする 소-스루 그러다, 그렇게 하다 | ~みたい ~미타이 ~인 것 같다

STEP 5 패턴으로 응용해 보 GO!

실생활에서 접할 수 있는 여러 가지 상황을 생각하며 패턴으로 말해 보세요.

1 ～ない ~하지 않을래?

~ない는 '~하지 않을래?'라는 뜻으로 권유나 바람, 제안을 할 때 쓰는 표현이에요.

あそ　い
遊びに行か
아소 비 니 이 카
놀러 가지

おんがく　き
音楽を聞か
온 가쿠 오 키 카
음악을 듣지

＋ ない。
나 이
않을래?

2 ～みたい(だ) ~인 것 같다

~みたい(だ)는 '~인 것 같다'라는 뜻으로 주관적인 추측을 나타낼 때 사용해요. 회화체에서는 보통 だ를 빼고, ~みたい라고 해요.

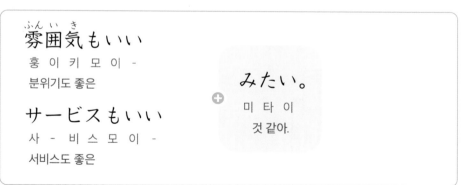

ふんいき
雰囲気もいい
훙 이 키 모 이 -
분위기도 좋은

サービスもいい
사 - 비 스 모 이 -
서비스도 좋은

＋ みたい。
미 타 이
것 같아.

새단어

遊び(あそび) 아소비 ⓢ 놀다 | 音楽(おんがく) 온가쿠 ⓜ 음악 | 聞く(きく) 키쿠 ⓢ 듣다 | 雰囲気(ふんいき) 훙이키 ⓜ 분위기 | サービス 사-비스 ⓜ 서비스

STEP 6 연습 문제로 실력 다지GO!

1 음원을 듣고 빈칸에 들어갈 알맞은 말을 써 보세요. Track 06-07

①

②

2 음원을 듣고 아래의 내용이 맞으면 O, 틀리면 X 표시해 보세요. Track 06-08

① 두 사람은 주말에 집 근처에서 밥을 먹을 예정이다.

② 두 사람은 맛집 방송에 나온 가게에 가려고 한다.

3 보기를 보고 빈칸에 들어갈 알맞을 말을 찾아 써 보세요.

보기

口コミ(くち)　近場(ちかば)　遠出(とおで)　番組(ばんぐみ)

①

______ に出る(で)

방송에 나오다

②

______ がいい

후기가 좋다, 입소문이 나다

4 빈칸에 들어갈 알맞은 표현을 써 보세요.

1 

久(ひさ)しぶりに車(くるま)で ____________。

오랜만에 차로 멀리 나가요.

2 

今(いま)から ____________。

벌써부터 군침이 도네.

5 빈칸에 들어갈 알맞은 말을 쓰고 말해 보세요.

1 

ねえ、週末(しゅうまつ)は遠出(とおで)して____________。

있잖아, 주말에는 멀리 나가서 밥 먹지 않을래?

いいよ。____________お店(みせ)に行(い)きたい！

좋아. 맛집 방송에 나온 가게에 가고 싶어!

2 

そうしよう。____________。

그러자. 후기도 좋은 것 같아.

今(いま)からよだれが出(で)るね。

벌써부터 군침이 도네.

정답 p178

CHAPTER

7 | 캠핑

STEP 1 단어 알아보 GO!

음원을 들으며 제시된 단어를 따라 읽어 보세요.

Track 07-01

단어	읽는 법	의미
キャンプ	캼푸	명 캠핑
テント	텐토	명 텐트
張(は)る	하루	동 치다, 펴다
畳(たた)む	타타무	동 접다
ぼーっと	보-옷토	부 멍하니
車中泊(しゃちゅうはく)	샤츄-하쿠	명 차박

STEP 2 표현으로 말문 트 GO!

듣고 따라 말하기 ☑○○○○

음원을 들으며 제시된 표현을 따라 읽어 보세요.

Track 07-02

❶ 

キャンプに行(い)く — 캠핑을 가다

캼 푸 니 이 쿠

TIP '~을(를) 가다'는 반드시 '~に行(い)く'라고 해야 해요.

❷ 

テントを張(は)る — 텐트를 치다

텐 토 오 하 루

❸ 

テントを畳(たた)む — 텐트를 접다

텐 토 오 타타 무

❹ 

ぼーっと見(み)る — 멍하니 보다

보 - 옷 토 미 루

TIP '멍 때리다'는 ぼーっとする라고 해요.

❺ 

車中泊(しゃちゅうはく)する — 차박하다

샤 츄-하쿠 스 루

STEP 3 말하 GO 써 보 GO!

반복 훈련하기 ☑○○○○

보통 Track 07-03 | 빠르게 Track 07-04

음원을 들으며 확장된 문장을 따라 읽어 보세요.

1. 一人(ひとり)でキャンプに行(い)くんです。

   히토리데 캼푸니이쿤데스

   TIP ~んです는 '~예요, ~해요'라는 뜻으로 일반적인 정중체 です·ます와 뜻은 같아요.

2. 一人(ひとり)でテントを張(は)るのは大変(たいへん)じゃないですか。

   히토리데 텐토오하루노와타이헨쟈나이데스카

   TIP 大変(たいへん)ではないですか도 '힘들지 않아요?'라는 뜻이지만, 회화체에서는 ~ではない보다는 ~じゃない를 더 많이 사용해요.

3. 暗(くら)くなる前(まえ)にテントを畳(たた)もう。

   쿠라쿠나루마에니텐토오타타모-

4. 焚火(たきび)をぼーっと見(み)るのが大好(だいす)きなんです。

   타키비오보-옷토미루노가다이스키난데스

   TIP ~んです는 '~예요, ~해요'라는 뜻 외에도 이유를 설명할 때에도 쓰여요. 이때는 '~거든요'라고 해석하면 자연스러워요. な형용사와 접속할 때는 마지막 だ를 빼고 ~なんです라고 해요.

5. 車中泊(しゃちゅうはく)したらどうですか。

   샤츄-하쿠시타라도-데스카

6. 車中泊(しゃちゅうはく)できる車(くるま)がほしい。

   샤츄-하쿠데키루쿠루마가호시-

   TIP '~을(를) 갖고 싶다'는 반드시 ~がほしい라고 해야 해요.

새단어

一人(ひとり)で 히토리데 ㉻ 혼자서 | 大変(たいへん)だ 타이헨다 ㉽ 힘들다 | 暗(くら)い 쿠라이 ㉽ 어둡다 | 前(まえ) 마에 ㉾ 전, 앞 | 焚火(たきび) 타키비 ㉾ 모닥불 | 大好(だいす)きだ 다이스키다 ㉽ 너무 좋아하다, 아주 좋아하다 | ほしい 호시- ㉽ 갖고 싶다, 원하다

제시된 우리말을 보고 일본어로 쓰고 말해 보세요.

1. 혼자서 캠핑을 가요.

   힌트 혼자서 一人(ひとり)で

2. 혼자서 텐트를 치는 것은 힘들지 않아요?

   힌트 힘들다 大変(たいへん)だ

3. 어두워지기 전에 텐트를 접자.

   힌트 접다 畳(たた)む

4. 모닥불을 멍하니 보는 게 너무 좋거든요.

   힌트 모닥불 焚火(たきび)

5. 차박하는 게 어때요?

   힌트 차박 車中泊(しゃちゅうはく)

6. 차박할 수 있는 차를 갖고 싶어.

   힌트 할수있다 できる

STEP 4 상황 말해 보 GO!

다음 대화를 듣고 따라 말해 보세요.

보통 Track 07-05 빠르게 Track 07-06

①

와카나 **毎週末(まいしゅうまつ)、一人(ひとり)でキャンプに行(い)くんです。**

마이슈-마츠 히토리 데 캼 푸 니 이 쿤 데 스

주말마다 혼자서 캠핑을 가요.

리쿠 **一人(ひとり)でテントを張(は)るのは大変(たいへん)じゃないですか。**

히토리 데 텐 토 오 하 루 노 와타이 헨 쟈 나 이 데 스 카

혼자서 텐트를 치는 것은 힘들지 않아요?

와카나 **はい。でも、焚火(たきび)をぼーっと見(み)るのが大好(だいす)きなんです。**

하 이 데 모 타키비 오 보 - 옷 토 미 루 노 가다이스 키 난 데 스

네, 하지만 모닥불을 멍하니 보는 게 너무 좋거든요.

②

리쿠 **次(つぎ)から車中泊(しゃちゅうはく)したらどうですか。**

츠기카 라 샤 츄-하쿠 시 타 라 도 - 데 스 카

다음부터 차박하는 게 어때요?

와카나 **それがいいですね。**

소 레 가 이 - 데 스 네

그것이 좋겠네요.

새단어

毎週末(まいしゅうまつ) 마이슈-마츠 주말마다 | 次(つぎ) 츠기 명 다음

STEP 5 패턴으로 응용해 보 GO!

실생활에서 접할 수 있는 여러 가지 상황을 생각하며 패턴으로 말해 보세요.

① ～んです ～예요, ～해요

～んです는 '～예요, ～해요'라는 뜻으로 です·ます와 뜻은 똑같지만, 약간 부드러운 느낌을 주기 때문에 회화체에서는 ～んです를 자주 사용해요.

明日(あした)帰(かえ)る
아시타 카에 루
내일 돌아가

お土産(みやげ)を買(か)う
오 미야 게 오 카 우
기념품을 사

＋ んです。
ㄴ 데 스
요.

② ～たらどうですか ～하는 게 어때요?

～たらどうですか는 '～하는 게 어때요?'라는 뜻으로 상대방에게 무언가를 제안하거나 건의할 때 사용하며, 회화체에서 많이 쓰는 표현이에요.

引(ひ)っ越(こ)しし
힉 코 시 시
이사하

ダイエットし
다 이 엣 토 시
다이어트하

＋ たらどうですか。
타 라 도 - 데 스 카
는 게 어때요?

새단어

明日(あした) 아시타 명 내일 | 帰(かえ)る 카에루 동 돌아가다 | お土産(みやげ) 오미야게 명 기념품 | 引(ひ)っ越(こ)しする 힉코시스루 동 이사하다 | ダイエットする 다이엣토스루 동 다이어트하다

STEP 6 연습 문제로 실력 다지GO!

1 음원을 듣고 빈칸에 들어갈 알맞은 말을 써 보세요. Track 07-07

❶

❷

2 음원을 듣고 아래의 내용이 맞으면 O, 틀리면 X 표시해 보세요. Track 07-08

❶ 여자는 주말마다 친구와 캠핑을 간다.

❷ 남자는 여자에게 차박하는 것을 제안하고 있다.

3 보기를 보고 빈칸에 들어갈 알맞을 말을 찾아 써 보세요.

보기

畳(たた)む　テント　ぼーっと　キャンプ

❶

＿＿＿＿を張(は)る

텐트를 치다

❷

＿＿＿＿見(み)る

멍하니 보다

4 빈칸에 들어갈 알맞은 표현을 써 보세요.

1

______ に行(い)くんです。

혼자서 캠핑을 가요.

2

______ 車(くるま)がほしい。

차박할 수 있는 차를 갖고 싶어.

5 빈칸에 들어갈 알맞은 말을 쓰고 말해 보세요.

1

______、一人(ひとり)でキャンプに行(い)くんです。

주말마다 혼자서 캠핑을 가요.

______のは大変(たいへん)じゃないですか。

혼자서 텐트를 치는 것은 힘들지 않아요?

2

はい。でも、______のが大好(だいす)きなんです。

네, 하지만 모닥불을 멍하니 보는 게 너무 좋거든요.

次(つぎ)から______。

다음부터 차박하는 게 어때요?

정답 p179

CHAPTER

8 | 반려견

STEP 1 단어 알아보 GO!

음원을 들으며 제시된 단어를 따라 읽어 보세요.　　Track 08-01

단어	읽는 법	의미
思(おも)い出(で)	오모이데	명 추억
作(つく)る	츠쿠루	동 만들다
リード	리-도	명 목줄
付(つ)ける	츠케루	동 매다
おやつ	오야츠	명 간식
あげる	아게루	동 (내가 남에게) 주다
しつけ	시츠케	명 훈육

STEP 2 표현으로 말문 트 GO!

듣고 따라 말하기 ☑○○○○

음원을 들으며 제시된 표현을 따라 읽어 보세요.

Track 08-02

1

おも　で　つく
思い出を作る
오모이 데 오 츠쿠 루

추억을 만들다

2

つ
リードを付ける
리 - 도 오 츠 케 루

목줄을 매다

TIP '목줄'은 首輪(くびわ)라고도 해요.

3

はず
リードを外す
리 - 도 오 하즈 스

목줄을 풀다

4

おやつをあげる
오 야 츠 오 아 게 루

간식을 주다

5

しつけをする
시 츠 케 오 스 루

훈육을 하다

STEP 3 말하 GO 써 보 GO!

반복 훈련하기 ☑○○○○

보통 Track 08-03 빠르게 Track 08-04

음원을 들으며 확장된 문장을 따라 읽어 보세요.

1. 思(おも)い出(で)を作(つく)りたくて、連(つ)れて来(き)ました。
오모이 데 오 츠쿠리 타 쿠 테 츠 레 테 키 마 시 타

2. 最後(さいご)の夏休(なつやす)みだし、いい思(おも)い出(で)を作(つく)ろう!
사이 고 노 나츠야스 미 다 시 이 – 오모 이 데 오 츠쿠 로 –

TIP し는 '(~하기도) 하고'라는 뜻으로 사물이나 사항을 열거할 때 사용해요.

3. リードを付(つ)けなくてもいいですよ。
리 – 도 오 츠 케 나 쿠 테 모 이 – 데 스 요

4. リードを外(はず)して散歩(さんぽ)するのは危(あぶ)ないです。
리 – 도 오 하즈 시 테 삼 뽀 스 루 노 와 아부 나 이 데 스

5. おやつをあげてもいいですか。
오 야 츠 오 아 게 테 모 이 – 데 스 카

6. 犬(いぬ)にトイレのしつけをするのは難(むずか)しいね。
이누 니 토 이 레 노 시 츠 케 오 스 루 노 와 무즈카 시 – 네

새단어

連(つ)れて来(く)る 츠레테쿠루 동 데리고 오다 | 最後(さいご) 사이고 명 마지막 | 夏休(なつやす)み 나츠야스미 명 여름방학, 여름휴가 | 散歩(さんぽ) 삼뽀 명 산책 | 危(あぶ)ない 아부나이 형 위험하다 | 犬(いぬ) 이누 명 강아지, 개 | トイレ 토이레 명 화장실

제시된 우리말을 보고 일본어로 쓰고 말해 보세요.

1. 추억을 만들고 싶어서 데리고 왔어요.

힌트 추억 思い出(おもで)

2. 마지막 여름방학이기도 하고 좋은 추억을 만들자!

힌트 여름방학, 여름휴가 夏休み(なつやす)

3. 목줄을 안 매도 돼요.

힌트 목줄 リード

4. 목줄을 풀고 산책하는 것은 위험해요.

힌트 산책 散歩(さんぽ)

5. 간식을 줘도 될까요?

힌트 간식 おやつ

6. 강아지에게 화장실 훈육(배변 훈련)하는 건 어렵네.

힌트 화장실 トイレ

STEP 4 상황 말해 보 GO!

다음 대화를 듣고 따라 말해 보세요.

보통 Track 08-05 빠르게 Track 08-06

준
愛犬(あいけん)と思(おも)い出(で)を作(つく)りたくて、連(つ)れて来(き)ました。
아이켄 토 오모이 데 오츠쿠리 타 쿠 테 츠 레 테 키 마 시 타
반려견과 추억을 만들고 싶어서 데리고 왔어요.

직원
❶ そうですね。ここはリードを付(つ)けなくてもいいですよ。
소 - 데 스 네 코 코 와 리 - 도 오 츠 케 나 쿠 테 모 이 - 데 스 요
그렇군요. 여기는 목줄을 안 매도 돼요.

준
❷ 持(も)って来(き)たおやつをあげてもいいですか。
못 테 키 타 오 야 츠 오 아 게 테 모 이 - 데 스 카
가져온 간식을 줘도 될까요?

직원
もちろんです。
모 치 론 데 스
물론이죠.

새단어

愛犬(あいけん) 아이켄 ⓜ 반려견 | 持(も)って来(く)る 못테쿠루 ⓓ 가져오다, 챙겨오다 | ここ 코코 ⓓ 여기 | もちろん 모치론 ⓑ 물론

TIP 일본에는 강아지와 함께 출입할 수 있는 온천, 그리고 함께 묵을 수 있는 온천 숙소들이 해마다 늘어나고 있어요. 최근에는 애견 전용 '당일치기 온천(日帰(ひがえ)り温泉(おんせん))'도 생겨나고 있어요.

STEP 5 패턴으로 응용해 보 GO!

실생활에서 접할 수 있는 여러 가지 상황을 생각하며 패턴으로 말해 보세요.

1 ～なくてもいい ～하지 않아도 돼, ～하지 않아도 괜찮아

～てもいい가 '～해도 돼'라는 뜻이었다면, ～なくてもいい는 '～하지 않아도 돼, ～하지 않아도 괜찮아'라는 반대 표현을 가지고 있어요.

提出(ていしゅつ)し
테-슈츠 시
제출하

行(い)か
이 카
가

＋ なくてもいい。
나 쿠 테 모 이 -
지 않아도 돼.

2 ～てもいいですか ～해도 될까요?

～てもいいですか는 '～해도 될까요?'라는 뜻으로 상대방에게 허가를 구할 때 쓰는 표현이에요. 조금 더 정중한 표현은 ～てもよろしいですか예요.

飲食(いんしょく)をして
인 쇼쿠 오 시 테
먹고 마셔

ここに座(すわ)って
코 코 니 스왓 테
여기에 앉아

＋ もいいですか。
모 이 - 데 스 카
도 될까요?

새단어

提出(ていしゅつ)する 테-슈츠스루 ⓓ 제출하다 | 飲食(いんしょく) 인쇼쿠 ⓜ 먹고 마심 | 座(すわ)る 스와루 ⓓ 앉다

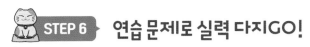

STEP 6 연습 문제로 실력 다지GO!

1 음원을 듣고 빈칸에 들어갈 알맞은 말을 써 보세요. Track 08-07

①

②

2 음원을 듣고 아래의 내용이 맞으면 O, 틀리면 X 표시해 보세요. Track 08-08

① 여기에서는 목줄을 꼭 매야 한다.

② 외부 음식은 반입 금지이다.

3 보기를 보고 빈칸에 들어갈 알맞을 말을 찾아 써 보세요.

보기

外(はず)す　付(つ)ける　あげる　しつけ

①

リードを ______

목줄을 매다

②

おやつを ______

간식을 주다

4 빈칸에 들어갈 알맞은 표현을 써 보세요.

1

最後(さいご)の夏休(なつやす)みだし、＿＿＿＿＿＿＿＿！

마지막 여름방학이기도 하고 좋은 추억을 만들자!

2

＿＿＿＿＿＿＿＿のは難(むずか)しいね。

강아지에게 화장실 훈육(배변 훈련)하는 건 어렵네.

5 빈칸에 들어갈 알맞은 말을 쓰고 말해 보세요.

1

＿＿＿＿思(おも)い出(で)を作(つく)りたくて、連(つ)れて来(き)ました。

반려견과 추억을 만들고 싶어서 데리고 왔어요.

そうですね。ここは＿＿＿＿＿＿＿＿。

그렇군요. 여기는 목줄을 안 매도 돼요.

2

持(も)って来(き)たおやつをあげ＿＿＿＿＿＿＿＿。

가져온 간식을 줘도 될까요?

もちろんです。

물론이죠.

정답 p179

CHAPTER

9 | 미팅

STEP 1 단어 알아보 GO!

음원을 들으며 제시된 단어를 따라 읽어 보세요. Track 09-01

단어	읽는 법	의미
合(ごう)コン	고-콘	명 미팅
連絡先(れんらくさき)	렌라쿠사키	명 연락처
交換(こうかん)	코-칸	명 교환
連絡(れんらく)	렌라쿠	명 연락
続(つづ)く	츠즈쿠	동 계속되다
デート	데-토	명 데이트
誘(さそ)われる	사소와레루	동 신청받다
誘(さそ)う	사소우	동 신청하다

STEP 2 표현으로 말문 트 GO!

듣고 따라 말하기 ☑○○○○

음원을 들으며 제시된 표현을 따라 읽어 보세요.

Track 09-02

1 

合(ごう)コンする

고- 콘 스 루

미팅하다

TIP ミーティング는 '여럿이 모여 의논하는 회의'를 의미하는 반면, 合(ごう)コン은 '남녀가 서로 만나는 미팅'을 의미해요. 또한 合(ごう)コン은 合同(ごうどう)コンパ(합동 친목회)의 줄임말이에요.

2 

連絡先(れんらくさき)を交換(こうかん)する

렌 라쿠 사키 오 코- 칸 스 루

연락처를 교환하다

3 

連絡(れんらく)が続(つづ)く

렌 라쿠 가 츠즈 쿠

계속 연락하다,
연락이 계속되다

4 

デートに誘(さそ)われる

데 - 토 니 사소 와 레 루

데이트를 신청받다

5 

デートに誘(さそ)う

데 - 토 니 사소 우

데이트를 신청하다

STEP 3 말하 GO 써 보 GO!

반복 훈련하기 ☑○○○○

보통 Track 09-03 빠르게 Track 09-04

음원을 들으며 확장된 문장을 따라 읽어 보세요.

1. 昨日(きのう)、合(ごう)コンしたんだって。
   키노- 고- 콘 시 탄 닷 테

2. 連絡先(れんらくさき)を交換(こうかん)した人(ひと)はいるよ。
   렌 라쿠사키 오 코- 칸 시 타 히토 와 이 루 요

3. 毎日(まいにち)連絡(れんらく)が続(つづ)くのは、脈(みゃく)ありですか。
   마이니치 렌 라쿠가 츠즈 쿠 노 와 먀쿠 아 리 데 스 카

4. デートに誘(さそ)われたけど、行(い)くか悩(なや)んでる。
   데 - 토 니 사소 와 레 타 케 도 이 쿠 카 나얀 데 루

5. 初(はじ)めてデートに誘(さそ)われました。
   하지 메 테 데 - 토 니 사소 와 레 마 시 타

6. 勇気(ゆうき)を出(だ)してデートに誘(さそ)いました。
   유- 키 오 다 시 테 데 - 토 니 사소 이 마 시 타

새단어

昨日(きのう) 키노- ㊔ 어제 | 人(ひと) 히토 ㊔ 사람 | 毎日(まいにち) 마이니치 ㊔ 매일 | 脈(みゃく)あり 먀쿠아리 ㊔ 그린라이트, 썸 | けど 케도 ~지만 | 悩(なや)む 나야무 ㊐ 고민하다, 망설이다 | 初(はじ)めて 하지메테 ㊕ 처음(으로) | 勇気(ゆうき) 유-키 ㊔ 용기 | 出(だ)す 다스 ㊐ 내다(안이나 숨겨진 곳에서 밖으로 꺼냄)

제시된 우리말을 보고 일본어로 쓰고 말해 보세요.

1. 어제 미팅했다면서?

힌트 미팅 合コン(ごう)

2. 연락처를 교환한 사람은 있어.

힌트 연락처 連絡先(れんらくさき)

3. 매일 계속 연락하는 것은 그린라이트인가요?

힌트 그린라이트 脈あり(みゃく)

4. 데이트 신청받았는데 갈지 고민 중이야.

힌트 고민하다, 망설이다 悩む(なや)

5. 처음으로 데이트를 신청받았어요.

힌트 처음(으로) 初めて(はじ)

6. 용기를 내서 데이트를 신청했어.

힌트 용기 勇気(ゆうき)

STEP 4 상황 말해 보 GO!

다음 대화를 듣고 따라 말해 보세요.

보통 Track 09-05 　 빠르게 Track 09-06

❶

쥰 　昨日(きのう)、合(ごう)コンしたんだって。どうだった。

키노- 고- 콘 시 탄 닷 테 도 - 닷 타

어제 미팅했다면서? 어땠어?

사나 　うん、連絡先(れんらくさき)を交換(こうかん)した人(ひと)はいるよ。

웅 렌 라쿠 사키 오 코- 칸 시 타 히토 와 이 루 요

응. 연락처를 교환한 사람은 있어.

❷

쥰 　え！連絡続(れんらくつづ)いてるの。

에 렌 라쿠 츠즈 이 테 루 노

어! 계속 연락하고 있어?

사나 　デートに誘(さそ)われたけど、行(い)くか悩(なや)んでる。

데 - 토 니 사소 와 레 타 케 도 이 쿠 카 나얀 데 루

데이트 신청받았는데 갈지 고민 중이야.

TIP 한국에서는 일대일 소개팅을 많이 하는 편이지만, 일본에서는 일대일 소개팅이라는 표현이 없는 것만으로도 알 수 있듯이 일대일 소개팅을 별로 선호하지 않아요. 대신 단체 미팅을 선호하는 편이에요.

STEP 5 패턴으로 응용해 보 GO!

실생활에서 접할 수 있는 여러 가지 상황을 생각하며 패턴으로 말해 보세요.

1 ~んだって ~다(라)면서?

~んだって는 '~다(라)면서?'라는 뜻으로 누군가에게 들은 이야기를 말할 때 사용하며, 주로 회화체에서 많이 쓰는 표현이에요.

付(つ)き合(あ)った
츠 키 앗 타
사귀었

別(わか)れた
와카 레 타
헤어졌

\+ んだって。
ㄴ 닷 테
다면서?

2 ~て(い)るの ~하고 있어?

~て(い)るの는 '~하고 있어?'라는 현재 진행형 표현으로 회화체에서는 종종 ~ているの에서 い를 생략하고 ~てるの라고 표현해요.

日本語(にほんご)の勉強(べんきょう)し
니 홍 고 노 벵 쿄- 시
일본어 공부하

元気(げんき)にし
겡 키 니 시
잘 지내

\+ てるの。
테 루 노
고 있어?

새단어

付(つ)き合(あ)う 츠키아우 ㉿ 사귀다 | 別(わか)れる 와카레루 ㉿ 헤어지다 | 日本語(にほんご) 니홍고 ㉹ 일본어 | 勉強(べんきょう)する 벵쿄-스루 ㉿ 공부하다 | 元気(げんき) 겡키 ㉹ 건강

STEP 6 연습 문제로 실력 다지GO!

1 음원을 듣고 빈칸에 들어갈 알맞은 말을 써 보세요. Track 09-07

①

②

2 음원을 듣고 아래의 내용이 맞으면 O, 틀리면 X 표시해 보세요. Track 09-08

① 여자는 어제 미팅을 했다.

② 여자는 미팅한 남자에게 데이트 신청을 했다.

3 보기를 보고 빈칸에 들어갈 알맞을 말을 찾아 써 보세요.

보기

続く(つづく)　合コン(ごうコン)　交換する(こうかんする)　誘われる(さそわれる)

①

______する

미팅하다

②

連絡先(れんらくさき)を______

연락처를 교환하다

4 빈칸에 들어갈 알맞은 표현을 써 보세요.

1 

________ のは、脈(みゃく)ありですか。

매일 계속 연락하는 것은 그린라이트인가요?

2 

初(はじ)めて ________

처음으로 데이트를 신청받았어요.

5 빈칸에 들어갈 알맞은 말을 쓰고 말해 보세요.

1  昨日(きのう)、________。どうだった。

어제 미팅했다면서? 어땠어?

 うん。________人(ひと)はいるよ。

응. 연락처를 교환한 사람은 있어.

2  え! ________。

어! 계속 연락하고 있어?

 デートに誘(さそ)われたけど、________。

데이트 신청받았는데 갈지 고민 중이야.

정답 p180

CHAPTER

10 | 썸

STEP 1 단어 알아보 GO!

음원을 들으며 제시된 단어를 따라 읽어 보세요. Track 10-01

단어	읽는 법	의미
うまく	우마쿠	부 잘
いく	이쿠	동 되다, 진척되다
気(き)	키	명 기, 마음
合(あ)う	아우	동 (마음이나 성격 등이) 맞다
気持(きも)ち	키모치	명 마음
伝(つた)える	츠타에루	동 전하다
駆(か)け引(ひ)き	카케히키	명 밀당
両思(りょうおも)い	료-오모이	명 서로 좋아함

STEP 2 표현으로 말문 트GO!

듣고 따라 말하기 ☑○○○○

음원을 들으며 제시된 표현을 따라 읽어 보세요.

Track 10-02

1

うまくいく
우 마 쿠 이 쿠

잘되다, 잘되어 가다

2

気(き)が合(あ)う
키 가 아 우

마음이 맞다, 잘 통하다

3

気持(きも)ちを伝(つた)える
키 모 치 오 츠타 에 루

마음을 전하다

4

駆(か)け引(ひ)きする
카 케 히 키 스 루

밀당하다

5

両思(りょうおも)いになる
료-오모 이 니 나 루

서로 좋아하게 되다

STEP 3 말하 GO 써 보 GO!

반복 훈련하기 ☑○○○○

음원을 들으며 확장된 문장을 따라 읽어 보세요.

보통 Track 10-03 빠르게 Track 10-04

1 今回(こんかい)はうまくいきますよ!
콩 카이 와 우 마 쿠 이 키 마 스 요

2 私(わたし)たちなんだか気(き)が合(あ)いますね。
와타시 타 치 난 다 카 키 가 아 이 마 스 네

3 こんなに気(き)が合(あ)う人(ひと)は初(はじ)めてだよ。
콘 나 니 키 가 아 우 히토 와 하지 메 테 다 요

4 先輩(せんぱい)に気持(きも)ちを伝(つた)えてみなよ。
셈 파이 니 키 모 치 오 츠타 에 테 미 나 요

5 もう少(すこ)し、駆(か)け引(ひ)きしないと~
모 - 스코 시 카 케 히 키 시 나 이 토

TIP もうは '더', 少(すこ)しは '조금'이라는 뜻으로 우리말로는 '조금 더'라고 표현하지만 일본어로는 '더 조금'이라고 해요.

6 あの人(ひと)と両思(りょうおも)いになった。
아 노 히토 토 료- 오모 이 니 낫 타

새단어

今回(こんかい) 콩카이 명 이번(에) | 私(わたし)たち 와타시타치 대 우리 | なんだか 난다카 부 왠지, 왜 그런지 | こんなに 콘나니 부 이렇게, 이토록 | 先輩(せんぱい) 셈파이 명 선배 | ~てみなよ ~테미나요 ~해 봐 | もう少(すこ)し 모-스코시 부 조금 더

제시된 우리말을 보고 일본어로 쓰고 말해 보세요.

1 이번에는 잘될 거예요!

힌트 이번(에) 今回(こんかい)

2 우리 왠지 마음이 잘 맞네요.

힌트 기, 마음 気(き)

3 이렇게 잘 통하는 사람은 처음이야.

힌트 이렇게 こんなに

4 선배에게 마음을 전해 봐.

힌트 선배 先輩(せんぱい)

5 조금 더 밀당해야지~

힌트 조금 더 もう少(すこ)し

6 저 사람과 서로 좋아하게 됐어.

힌트 서로 좋아함 両思(りょうおも)い

STEP 4 상황 말해 보 GO!

다음 대화를 듣고 따라 말해 보세요.

보통 Track 10-05 / 빠르게 Track 10-06

리쿠

ハルとはうまくいってる。

하 루 토 와 우 마 쿠 잇 테 루

하루랑은 잘돼 가?

와카나

うん、❶こんなに気(き)が合(あ)う人(ひと)は初(はじ)めてだよ。

웅 콘 나 니 키 가 아 우 히토 와 하지 메 테 다 요

응, 이렇게 잘 통하는 사람은 처음이야.

리쿠

次(つぎ)のデートで、気持(きも)ちを伝(つた)えてみなよ。

츠기 노 데 - 토 데 키 모 치 오 츠타 에 테 미 나 요

다음 데이트에서 마음을 전해 봐.

와카나

もう少(すこ)し、駆(か)け引(ひ)きし❷ないと～

모 - 스코 시 카 케 히 키 시 나 이 토

조금 더 밀당해야지~

TIP 아직 연인 관계가 아니지만 서로 사귀는 듯 가까이 지내는 관계를 우리말로는 '썸'이라고 하는데, 일본에서는 이러한 표현이 없어요. 그래서 일본어로 표현할 때는 'いい感(かん)じの関係(かんけい)(좋은 느낌의 관계)' 또는 '友達以上恋人未満(ともだちいじょうこいびとみまん)(친구 이상 연인 미만)'이라는 표현을 많이 사용해요.

STEP 5 패턴으로 응용해 보 GO!

실생활에서 접할 수 있는 여러 가지 상황을 생각하며 패턴으로 말해 보세요.

① こんなに 이렇게, 이토록

こんなに는 '이렇게, 이토록'이라는 뜻으로 정도를 강조하는 역할을 해요.

こんなに
콘 나 니
이렇게

\+

仲(なか)がいいです。
나카가 이 - 데 스
사이가 좋아요.

食(た)べられません。
타 베 라 레 마 셍
먹을 수 없어요.

② ~ないと ~해야 해, ~하지 않으면 안 돼

~ないと는 '~해야 해, ~하지 않으면 안 돼'라는 뜻의 회화체 표현으로 혼잣말로도 사용할 수 있어요. 또한 ~ないと는 ~ないといけない라고도 표현해요.

頑張(がんば)ら
감 바 라
열심히

早(はや)く起(お)き
하야쿠 오 키
일찍 일어

\+

ないと。
나 이 토
해(나)야지.

새단어

仲(なか) 나카 명 사이 | 頑張(がんば)る 감바루 동 열심히 하다, 노력하다 | 早(はや)く 하야쿠 부 일찍 | 起(お)きる 오키루 동 일어나다

STEP 6 연습 문제로 실력 다지GO!

1 음원을 듣고 빈칸에 들어갈 알맞은 말을 써 보세요. Track 10-07

①

②

2 음원을 듣고 아래의 내용이 맞으면 O, 틀리면 X 표시해 보세요. Track 10-08

① 여자는 하루와 잘 통한다.

② 여자는 다음 데이트 때 하루에게 고백할 예정이다.

3 보기를 보고 빈칸에 들어갈 알맞을 말을 찾아 써 보세요.

보기

うまく　　駆(か)け引(ひ)き　　気持(きも)ち　　両思(りょうおも)い

①

＿＿＿＿を伝(つた)える

마음을 전하다

②

＿＿＿＿する

밀당하다

4 빈칸에 들어갈 알맞은 표현을 써 보세요.

1 

今回(こんかい)は ______ !

이번에는 잘될 거예요!

2 

私(わたし)たちなんだか ______ 。

우리 왠지 마음이 잘 맞네요.

5 빈칸에 들어갈 알맞은 말을 쓰고 말해 보세요.

1  ハルとは______________。

하루랑은 잘돼 가?

 うん、こんなに気(き)が合(あ)う人(ひと)は______________。

응, 이렇게 잘 통하는 사람은 처음이야.

2  次(つぎ)のデートで、______________。

다음 데이트에서 마음을 전해봐.

 もう少(すこ)し、______________～

조금 더 밀당해야지~

정답 p180

CHAPTER

11 | 연애

STEP 1 단어 알아보 GO!

음원을 들으며 제시된 단어를 따라 읽어 보세요. Track 11-01

단어	읽는 법	의미
寝(ね)落(お)ち	네오치	명 무언가를 하고 있던 도중에 잠들어 버리는 것
ぎゅっと	귯토	부 꽉, 꼭
抱(だ)きしめる	다키시메루	동 껴안다
いちゃいちゃ	이챠이챠	부 애정 행각하는 모습, 꽁냥꽁냥
嫉妬(しっと)	싯토	명 질투
マメだ	마메다	형 부지런하다

STEP 2 표현으로 말문 트GO!

듣고 따라 말하기 ☑○○○○

음원을 들으며 제시된 표현을 따라 읽어 보세요.

Track 11-02

1

ねお
寝落ちする
네 오 치 스 루

도중에 잠들다

2

だ
ぎゅっと抱きしめる
귯 토 다 키 시 메 루

꽉 껴안다, 꼭 껴안다

3

いちゃいちゃする
이 챠 이 챠 스 루

애정 행각하다,
꽁냥꽁냥하다

4

しっと
嫉妬する
싯 토 스 루

질투하다, 질투나다

5

れんらく
連絡がマメだ
렌 라쿠 가 마 메 다

연락이 잘 되다,
연락이 부지런하다,
답장이 빠르다

STEP 3 말하 GO 써 보 GO!

반복 훈련하기 ☑○○○○

음원을 들으며 확장된 문장을 따라 읽어 보세요.

보통 Track 11-03 빠르게 Track 11-04

1 通話(つうわ)しながら寝落(ねお)ちしてごめんね。
츠-와 시 나 가 라 네 오 치 시 테 고 멘 네

2 ドラマ見(み)ながら寝落(ねお)ちしてしまいました。
도 라 마 미 나 가 라 네 오 치 시 테 시 마 이 마 시 타

3 毎晩(まいばん)、枕(まくら)をぎゅっと抱(だ)きしめて寝(ね)ます。
마이 방 마쿠라 오 귯 토 다 키 시 메 테 네 마 스

4 いちゃいちゃしないでくれる。
이 챠 이 챠 시 나 이 데 쿠 레 루

5 もしかして嫉妬(しっと)してる。
모 시 카 시 테 싯 토 시 테 루

6 私(わたし)の彼氏(かれし)は連絡(れんらく)がマメです。
와타시 노 카레 시 와 렌 라쿠 가 마 메 데 스

새단어

通話(つうわ)する 츠-와스루 ㉯ 통화하다 | ~ながら ~나가라 ~하다가, ~하면서 | ごめん 고멘 미안해 | 毎晩(まいばん) 마이방 ㉰ 매일 밤 | 枕(まくら) 마쿠라 ㉰ 베개 | もしかして 모시카시테 ㉮ 혹시 | 彼氏(かれし) 카레시 ㉰ 남자 친구

제시된 우리말을 보고 일본어로 쓰고 말해 보세요.

1. 통화하다가 잠들어서 미안해.

   힌트 통화하다 通話(つうわ)する

2. 드라마 보다가 잠들어 버렸어요.

   힌트 드라마 ドラマ

3. 매일 밤 베개를 꼭 껴안고 자요.

   힌트 매일 밤 毎晩(まいばん)

4. 애정 행각하지 말아 줄래?

   힌트 애정 행각 いちゃいちゃ

5. 혹시 질투하니?

   힌트 혹시 もしかして

6. 내 남자 친구는 연락이 잘 돼요.

   힌트 남자 친구 彼氏(かれし)

STEP 4 상황 말해 보 GO!

다음 대화를 듣고 따라 말해 보세요.

보통 Track 11-05 빠르게 Track 11-06

하루토

① 昨日(きのう)、通話(つうわ)しながら寝落(ねお)ちしてごめんね。

키노- 츠-와 시 나 가 라 네 오 치 시 테 고 멘 네

어제 통화하다가 잠들어서 미안해.

유키

もう~ぎゅっと抱(だ)きしめてくれたら許(ゆる)す!

모- 귯 토 다 키 시 메 테 쿠 레 타 라 유루 스

정말이지~ 꽉 안아주면 용서할게!

리쿠

② あの……私(わたし)の前(まえ)でいちゃいちゃしないでくれる。

아 노 와타시 노 마에 데 이 챠 이 챠 시 나 이 데 쿠 레 루

저기…… 내 앞에서 애정 행각하지 말아 줄래?

유키

あ!もしかして嫉妬(しっと)してる。

아 모 시 카 시 테 싯 토 시 테 루

아! 혹시 질투하니?

새단어

もう 모- 정말이지, 어휴(감정을 강조하는 말) | ~てくれる~ 테쿠레루 (남이 나에게) ~해 주다 | ~たら ~타라 ~하면 | 許(ゆる)す 유루스 ㉰ 용서하다

TIP 寝落(ねお)ち는 무언가를 하고 있던 도중에 잠들어 버리는 것을 의미해요. 특히 寝落(ねお)ち通話(つうわ)라는 표현을 자주 쓰는데, 이 표현은 통화를 하면서 자버리는 것을 의미해요.

STEP 5 패턴으로 응용해 보 GO!

실생활에서 접할 수 있는 여러 가지 상황을 생각하며 패턴으로 말해 보세요.

1 ごめんね 미안해

ごめん은 '미안해'라는 뜻으로 친한 사이에 쓰는 반말 표현이에요. 끝에 ね를 붙여서 말하면 조금 더 부드러운 뉘앙스가 돼요.

遅刻(ちこく)して
치 코쿠 시 테
지각해서

連絡(れんらく)が遅(おそ)くなって
렌 라쿠 가 오소 쿠 낫 테
연락이 늦어서

\+ ごめんね。
고 멘 네
미안해.

2 ~ないでくれる ~하지 말아 줄래?

~ないでくれる는 '~하지 말아 줄래?'라는 뜻으로 금지를 나타낼 때 쓰는 표현이에요. 윗사람에게는 ~ないでいただけますか 또는 ~ないでいただけませんか라고 말해요.

ここに置(お)か
코 코 니 오 카
여기에 두

そんなに怒(おこ)ら
손 나 니 오코 라
그렇게 화내

\+ ないでくれる。
나 이 데 쿠 레 루
지 말아 줄래?

새단어

遅刻(ちこく)する 치코쿠스루 ⓢ 지각하다 | 遅(おそ)い 오소이 ⓗ 늦다 | 置(お)く 오쿠 ⓢ 두다 | 怒(おこ)る 오코루 ⓢ 화내다

STEP 6 연습 문제로 실력 다지GO!

1 음원을 듣고 빈칸에 들어갈 알맞은 말을 써 보세요. Track 11-07

①

②

2 음원을 듣고 아래의 내용이 맞으면 O, 틀리면 X 표시해 보세요. Track 11-08

① 남자는 통화하다가 잠이 들었다.

② 여자는 남자 친구의 사과를 받아 들일 생각이 없다.

3 보기를 보고 빈칸에 들어갈 알맞을 말을 찾아 써 보세요.

보기

嫉妬(しっと)　ぎゅっと　マメだ　いちゃいちゃ

①

＿＿＿する

애정 행각하다, 꽁냥꽁냥하다

②

＿＿＿する

질투하다, 질투나다

4 빈칸에 들어갈 알맞은 표현을 써 보세요.

1 

通話(つうわ)しながら ________。

통화하다가 잠들어서 미안해.

2 

毎晩(まいばん)、枕(まくら)をぎゅっと ________。

매일 밤 베개를 꼭 껴안고 자요.

5 빈칸에 들어갈 알맞은 말을 쓰고 말해 보세요.

1 

昨日(きのう)、________________寝落(ねお)ちしてごめんね。

어제 통화하다가 잠들어서 미안해.

もう～________________________許(ゆる)す！

정말이지~ 꽉 안아주면 용서할게!

2 

あの…… 私(わたし)の前(まえ)で________________________。

저기…… 내 앞에서 애정 행각하지 말아 줄래?

あ！もしかして________________。

아! 혹시 질투하니?

정답 p181

CHAPTER

12 | 이별

STEP 1 단어 알아보 GO!

음원을 들으며 제시된 단어를 따라 읽어 보세요.

Track 12-01

단어	읽는 법	의미
恋人(こいびと)	코이비토	명 애인
振(ふ)られる	후라레루	동 차이다
振(ふ)る	후루	동 차다
見(み)る目(め)	미루메	명 보는 눈
遠距離恋愛(えんきょりれんあい)	엥쿄리 렝아이	명 장거리 연애
飲(の)み	노미	명 술을 마심

STEP 2 표현으로 말문 트 GO!

듣고 따라 말하기 ☑◯◯◯◯

음원을 들으며 제시된 표현을 따라 읽어 보세요.

Track 12-02

1

恋人(こいびと)に振(ふ)られる

코이비토 니 후 라 레 루

애인에게 차이다

2

恋人(こいびと)を振(ふ)る

코이비토 오 후 루

애인을 차다

3

見(み)る目(め)がない

미 루 메 가 나 이

보는 눈이 없다

4

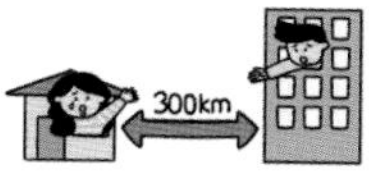

遠距離恋愛(えんきょりれんあい)をする

엥 쿄 리 렝 아이 오 스 루

장거리 연애를 하다

TIP 우리말로는 '장거리'니까 長距離(ちょうきょり)라고 할 것 같지만, 일본어로는 遠距離(えんきょり)(원거리)라고 표현해요.

5

飲(の)みに行(い)く

노 미 니 이 쿠

술 마시러 가다

STEP 3 말하 GO 써 보 GO!

반복 훈련하기 ☑☐☐☐☐

보통 Track 12-03　빠르게 Track 12-04

음원을 들으며 확장된 문장을 따라 읽어 보세요.

1. 昨日(きのう)恋人(こいびと)に振(ふ)られました。
   키노- 코이비토 니 후 라 레 마 시 타

2. 浮気(うわき)をした恋人(こいびと)を振(ふ)りました。
   우와 키 오 시 타 코이비토 오 후 리 마 시 타

3. 別(わか)れるなんて、見(み)る目(め)がないですよ。
   와카 레 루 난 테 미 루 메 가 나 이 데 스 요

4. 本当(ほんとう)に見(み)る目(め)がないよね。
   혼 토- 니 미 루 메 가 나 이 요 네

5. 遠距離恋愛(えんきょりれんあい)をするのは難(むずか)しいですね。
   엥 쿄 리 렝 아이 오 스 루 노 와무즈카시 - 데 스 네

6. 飲(の)みに行(い)きましょう!
   노 미 니 이 키 마 쇼 -

새단어

浮気(うわき) 우와키 명 바람(기) | 別(わか)れる 와카레루 동 헤어지다 | ~なんて ~난테 조 ~하다니 | 本当(ほんとう)に 혼토-니 부 진짜로, 정말로

제시된 우리말을 보고 일본어로 쓰고 말해 보세요.

1. 어제 애인에게 차였어요.

   힌트 애인 恋人(こいびと)

2. 바람을 피운 애인을 찼어요.

   힌트 바람(기) 浮気(うわき)

3. 헤어지다니 보는 눈이 없네요.

   힌트 헤어지다 別(わか)れる

4. 진짜로 보는 눈이 없지.

   힌트 진짜로, 정말로 本当(ほんとう)に

5. 장거리 연애를 하는 건 어렵네요.

   힌트 어렵다 難(むずか)しい

6. 술 마시러 가요!

   힌트 가다 行(い)く

STEP 4 상황 말해 보 GO!

다음 대화를 듣고 따라 말해 보세요.

보통 Track 12-05 빠르게 Track 12-06

미나
실(じつ)は昨日(きのう)恋人(こいびと)に振(ふ)られました。
지츠 와 키노- 코이 비토 니 후 라 레 마 시 타
실은 어제 애인에게 차였어요.

사나
こんなにいい人(ひと)と別(わか)れるなんて、見(み)る目(め)がないですよ。
콘 나 니 이 - 히토 토와카 레 루 난 테 미 루 메 가 나 이 데 스 요
이렇게 좋은 사람과 헤어지다니 보는 눈이 없네요.

미나
やっぱり、遠距離恋愛(えんきょりれんあい)をする ❶のは 難(むずか)しいですね。
얍 파 리 엥 쿄 리 렝 아이 오 스 루 노 와 무즈카 시 - 데 스 네
역시 장거리 연애를 하는 건 어렵네요.

쥰
こんな時(とき)は飲(の)みに行(い)き ❷ましょう！
콘 나 토키 와 노 미 니 이 키 마 쇼 -
이럴 땐 술 마시러 가요!

새단어

実(じつ)は 지츠와 ㊄ 실은, 사실은 | やっぱり 얍파리 ㊄ 역시 | こんな 콘나 ㊄ 이런, 이러한

STEP 5 패턴으로 응용해 보 GO!

실생활에서 접할 수 있는 여러 가지 상황을 생각하며 패턴으로 말해 보세요.

1 ～のは ~(하)는 건

'보통형+のは'는 ~(하)는 건'이라는 뜻으로 뒤에 나오는 내용을 강하게 말하고 싶을 때 쓰는 표현이에요.

これを作(つく)る
코 레 오 츠쿠 루
이것을 만드

こんなに覚(おぼ)える
콘 나 니 오보 에 루
이렇게 외우

+ のは
노 와
는 건

簡単(かんたん)ですね。
칸 탄 데 스 네
간단하네요.

難(むずか)しいですね。
무즈카 시 - 데 스 네
어렵네요.

2 ～ましょう ~하자, ~합시다

~ましょう는 '~하자, ~합시다'라는 뜻으로 상대방에게 무언가를 함께 하자고 권유할 때 쓰는 표현이에요.

遊(あそ)びに行(い)き
아소 비 니 이 키
놀러 갑

いっしょに食(た)べ
잇 쇼 니 타 베
같이 먹읍

+ ましょう!
마 쇼 -
시다!

새단어

覚(おぼ)える 오보에루 ㊍ 외우다 | 遊(あそ)ぶ 아소부 ㊍ 놀다 | いっしょに 잇쇼니 ㊀ 같이, 함께

STEP 6 연습 문제로 실력 다지GO!

1 음원을 듣고 빈칸에 들어갈 알맞은 말을 써 보세요. Track 12-07

①

②

2 음원을 듣고 아래의 내용이 맞으면 O, 틀리면 X 표시해 보세요. Track 12-08

① 남자는 애인에게 차였다.

② 여자는 애인과 장거리 연애를 했다.

3 보기를 보고 빈칸에 들어갈 알맞을 말을 찾아 써 보세요.

보기

振(ふ)る　　見(み)る目(め)　　飲(の)み　　振(ふ)られる

①

恋人(こいびと)を ＿＿＿＿

애인을 차다

②

＿＿＿＿ に行(い)く

술 마시러 가다

4 빈칸에 들어갈 알맞은 표현을 써 보세요.

❶

本当(ほんとう)に ____。

진짜로 보는 눈이 없지.

❷

____ のは難(むずか)しいですね。

장거리 연애를 하는 건 어렵네요.

5 빈칸에 들어갈 알맞은 말을 쓰고 말해 보세요.

❶

実(じつ)は昨日(きのう)____。

실은 어제 애인에게 차였어요.

こんなに____、見(み)る目(め)がないですよ。

이렇게 좋은 사람과 헤어지다니 보는 눈이 없네요.

❷

やっぱり、遠距離恋愛(えんきょりれんあい)をするのは____。

역시 장거리 연애를 하는 건 어렵네요.

こんな時(とき)は____！

이럴 땐 술 마시러 가요!

정답 p181

CHAPTER

13 | 월급

STEP 1 단어 알아보 GO!

음원을 들으며 제시된 단어를 따라 읽어 보세요. Track 13-01

단어	읽는 법	의미
給料(きゅうりょう)	큐-료-	명 월급
入る(はいる)	하이루	동 들어오다
節約(せつやく)	세츠야쿠	명 절약
ごちそう	고치소-	명 대접
貯金(ちょきん)	쵸킹	명 저금

STEP 2 표현으로 말문 트GO!

듣고 따라 말하기 ☑○○○○

음원을 들으며 제시된 표현을 따라 읽어 보세요.

Track 13-02

1

きゅうりょう　はい
給料が入る
큐- 료- 가 하이 루

월급이 들어오다

2

せつやく
節約する
세츠 야쿠 스 루

절약하다, 아끼다

3

ごちそうする
고 치 소 - 스 루

대접하다, 한턱내다

4

ごちそうになる
고 치 소 - 니 나 루

대접받다, 얻어먹다

5

ちょきん
貯金する
쵸 킨 스 루

저금하다

STEP 3 말하 GO 써 보 GO!

반복 훈련하기 ☑○○○○

보통 Track 13-03 빠르게 Track 13-04

음원을 들으며 확장된 문장을 따라 읽어 보세요.

1. 今日(きょう)、給料(きゅうりょう)が入(はい)るよ!

   쿄- 큐- 료- 가 하이 루 요

2. 自炊(じすい)して節約(せつやく)しています。

   지 스이 시 테 세츠야쿠 시 테 이 마 스

3. あと一週間(いっしゅうかん)節約(せつやく)しないといけないよ。

   아 토 잇 슈- 칸 세츠야쿠 시 나 이 토 이 케 나 이 요

   TIP あと 뒤에 시간을 나타내는 표현이 오면, 앞으로 그 시간이 남아 있다는 뜻이에요.
   あと10分(じゅっぷん)(앞으로 10분), あと一(いっ)か月(げつ)(앞으로 한 달) 이렇게 표현할 수 있어요.

4. じゃあ、これは私(わたし)がごちそうするよ。

   쟈 - 코 레 와 와타시가 고 치 소 - 스 루 요

5. コース料理(りょうり)をごちそうになった。

   코 - 스 료- 리 오 고 치 소 - 니 낫 타

6. 毎月(まいつき)2万円(にまんえん)は貯金(ちょきん)するようにしています。

   마이 츠키니 망 엔 와 쵸 킨 스 루 요 - 니 시 테 이 마 스

새단어

今日(きょう) 쿄- (명) 오늘 | 自炊(じすい)する 지스이스루 (동) 직접 요리를 만들다, 자취하다 | あと 아토 (부) 앞으로, 나중에 | じゃあ 쟈- (접) 그럼, 그러면 | コース 코-스 (명) 코스 | 毎月(まいつき) 마이츠키 (명) 매달 | ~ように~ 요-니 ~하도록, ~하기 위해

제시된 우리말을 보고 일본어로 쓰고 말해 보세요.

1. 오늘 월급이 들어와!

힌트 월급 給料(きゅうりょう)

2. 직접 만들어 먹어서(자취해서) 절약하고 있어요.

힌트 절약 節約(せつやく)

3. 앞으로 일주일 아껴야 해.

힌트 앞으로 あと

4. 그럼 이건 내가 한턱낼게.

힌트 대접 ごちそう

5. 코스 요리를 대접받았어.

힌트 요리 料理(りょうり)

6. 매달 2만엔은 저금하도록 하고 있어요.

힌트 매달 毎月(まいつき)

STEP 4 상황 말해 보GO!

다음 대화를 듣고 따라 말해 보세요.

보통 Track 13-05 빠르게 Track 13-06

쥰

きょう　きゅうりょう　はい
今日、給料が入るよ!
쿄-　큐- 료- 가 하이 루 요
오늘 월급이 들어와!

사나

わたし　きゅうりょう　はい　せつやく
私は給料が入っても節約し ①ないといけない よ。
와타시 와 큐- 료- 가 하잇 테 모 세츠 야쿠 시 나 이 토 이 케 나 이 요
나는 월급이 들어와도 아껴야 해.

쥰

わたし
じゃあ、これは私がごちそうするよ。
쟈 - 코 레 와 와타시 가 고 치 소 - 스 루 요
그럼 이건 내가 한턱낼게.

사나

わたし　ちょきん
ありがとう! これからは私が ②ちゃんと 貯金する!
아 리 가 토 - 코 레 카 라 와 와타시 가 챤 토 쵸 킨 스 루
고마워! 앞으로는 내가 제대로 저금할게!

새단어

ありがとう 아리가토- 고마워 | ちゃんと 챤토 ⓟ 제대로, 착실하게, 충분히

TIP '한턱내다'는 일본어로 ごちそうする 또는 おごる라고 해요. おごる는 보통 비용을 들여 대접할 때만 쓸 수 있는 표현인데 에 반해, ごちそうする는 비용을 들여 한턱내는 것 외에도 직접 음식을 만들어 대접할 때도 쓸 수 있는 표현이에요.

STEP 5 패턴으로 응용해 보 GO!

실생활에서 접할 수 있는 여러 가지 상황을 생각하며 패턴으로 말해 보세요.

1 ~ないといけない ~해야 한다, ~하지 않으면 안 된다

~ないといけない는 '~해야 한다, ~하지 않으면 안 된다'라는 뜻으로 의무나 당위성을 나타낼 때 쓰는 표현이에요. 줄여서 ~いけない라고도 할 수 있어요.

残業(ざんぎょう)し
장 교- 시
야근해

掃除(そうじ)し
소- 지 시
청소해

+ ないといけない。
나 이 토 이 케 나 이
야 해.

2 ちゃんと 제대로, 착실하게, 충분히

ちゃんと는 '제대로, 착실하게, 충분히'라는 뜻으로 당연히 지켜야 할, 해야 할 일에 대해 제대로 한다는 의미에 중점을 두는 표현이에요.

ちゃんと
챤 토
제대로

+

準備(じゅんび)します。
쥼 비 시 마 스
준비할게요.

確認(かくにん)しました。
카쿠닌 시 마 시 타
확인했습니다.

새단어

残業(ざんぎょう) 장교- ㊐ 야근 | 掃除(そうじ) 소-지 ㊐ 청소 | 準備(じゅんび) 쥼비 ㊐ 준비 | 確認(かくにん) 카쿠닝 ㊐ 확인

STEP 6 연습 문제로 실력 다지GO!

1 음원을 듣고 빈칸에 들어갈 알맞은 말을 써 보세요. Track 13-07

①

②

2 음원을 듣고 아래의 내용이 맞으면 O, 틀리면 X 표시해 보세요. Track 13-08

① 오늘은 월급날이다.

② 여자가 한턱낼 예정이다.

3 보기를 보고 빈칸에 들어갈 알맞을 말을 찾아 써 보세요.

보기

ごちそう　入る(はい)　貯金(ちょきん)　節約(せつやく)

①

給料(きゅうりょう)が ＿＿＿＿

월급이 들어오다

②

＿＿＿＿ する

절약하다, 아끼다

4 빈칸에 들어갈 알맞은 표현을 써 보세요.

1. 

自炊(じすい)して ________________ 。

직접 만들어 먹어서(자취해서) 절약하고 있어요.

2. 

毎月2万円(まいつきにまんえん)は ________________ 。

매달 2만엔은 저금하도록 하고 있어요.

5 빈칸에 들어갈 알맞은 말을 쓰고 말해 보세요.

1. 

今日(きょう)、________________ ！

오늘 월급이 들어왔!

私(わたし)は________________ないといけないよ。

나는 월급이 들어와도 아껴야 해.

2. 

じゃあ、これは私(わたし)が________________。

그럼 이건 내가 한턱낼게.

ありがとう！ これからは私(わたし)が________________ ！

고마워! 앞으로는 내가 제대로 저금할게!

정답 p182

CHAPTER

14 | 휴가

STEP 1 단어 알아보 GO!

음원을 들으며 제시된 단어를 따라 읽어 보세요. Track 14-01

단어	읽는 법	의미
有休（ゆうきゅう）	유-큐-	명 연차
取る（と）	토루	동 내다, 취하다
スケジュール	스케쥬-루	명 스케줄
立てる（た）	타테루	동 세우다, 짜다
爆買い（ばくが）	바쿠가이	명 폭풍 쇼핑
マッサージ	맛사-지	명 마사지
受ける（う）	우케루	동 받다
旅行（りょこう）	료코-	명 여행
満喫（まんきつ）	망키츠	명 만끽

STEP 2 표현으로 말문 트 GO!

듣고 따라 말하기 ☑○○○○

음원을 들으며 제시된 표현을 따라 읽어 보세요.

Track 14-02

1 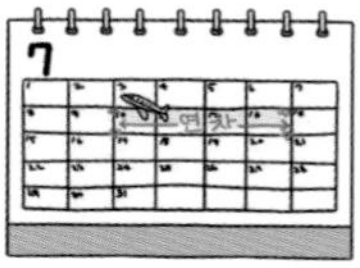

有休(ゆうきゅう)を取(と)る 연차를 내다

유- 큐- 오 토 루

TIP '有休(ゆうきゅう)'는 '유급 휴가'인 有給休暇(ゆうきゅうきゅうか)의 줄임말이에요.

2 

スケジュールを立(た)てる 스케줄을 세우다, 스케줄을 짜다

스 케 쥬 -루 오 타 테 루

3 

爆買(ばくが)いする 폭풍 쇼핑하다

바쿠 가 이 스 루

4 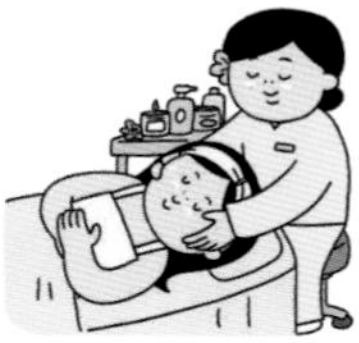

マッサージを受(う)ける 마사지를 받다

맛 사 - 지 오 우 케 루

5 

旅行(りょこう)を満喫(まんきつ)する 여행을 만끽하다

료 코- 오 망 키츠 스 루

STEP 3 말하GO 써 보GO!

반복 훈련하기 ☑○○○○

음원을 들으며 확장된 문장을 따라 읽어 보세요.

보통 Track 14-03 빠르게 Track 14-04

らいげつ ゆうきゅう と

❶ 来月有休を取ってもいいですか。

라이게츠 유- 큐- 오 톳 테 모 이 - 데 스 카

りょこう た

❷ 旅行のスケジュールを立てようか。

료 코- 노 스 케 쥬 - 루 오 타 테 요 - 카

い ばくが

❸ ショッピングモールに行って爆買いしたい!

숍 핑 구 모 - 루 니 잇 테 바쿠 가 이 시 타 이

ばくが や

❹ もう爆買いするのは止めます。

모 - 바쿠 가 이 스 루 노 와 야 메 마 스

TIP 일본어에서 もう는 뜻이 많은 단어이기 때문에 문장을 통해 익히는 것을 추천해요.
여기에서 もう는 '이제, 더 이상'이라는 뜻으로 쓰였어요.

う

❺ あとでマッサージも受けよう!

아 토 데 맛 사 - 지 모 우 케 요 -

りょこう まんきつ

❻ ハワイ旅行を満喫しました。

하 와 이 료 코- 오 망 키츠 시 마 시 타

새단어

来月(らいげつ) 라이게츠 다음 달 | ショッピングモール 숍핑구모-루 명 쇼핑몰 | もう 모- 부 이제, 더 이상 | 止(や)める 야메루 동 관두다, 그만두다 | ハワイ 하와이 지명 하와이

제시된 우리말을 보고 일본어로 쓰고 말해 보세요.

1. 다음 달에 연차를 내도 될까요?

   힌트 연차 有休(ゆうきゅう)

2. 여행 스케줄을 짤까?

   힌트 여행 旅行(りょこう)

3. 쇼핑몰에 가서 폭풍 쇼핑하고 싶어!

   힌트 쇼핑몰 ショッピングモール

4. 이제 폭풍 쇼핑하는 것은 관둘래요.

   힌트 폭풍쇼핑 爆買い(ばくが)

5. 이따가 마사지도 받자!

   힌트 마사지 マッサージ

6. 하와이 여행을 만끽했어.

   힌트 하와이 ハワイ

STEP 4 상황 말해 보 GO!

다음 대화를 듣고 따라 말해 보세요.

보통 Track 14-05 빠르게 Track 14-06

준

やっと有休(ゆうきゅう)を取(と)ったよ!

얏 토유-큐-오 톳 타요

겨우 연차를 냈어!

사나

じゃあ、旅行(りょこう)のスケジュールを立(た)てよう ①か。

쟈- 료코-노스케 쥬 -루오타테요- 카

그럼 여행 스케줄을 짤까?

유키

まず、ショッピングモールに行(い)って爆買(ばくが)いし ②たい!

마즈 숍 핑 구모-루니 잇 테바쿠가이시 타이

일단 쇼핑몰에 가서 폭풍 쇼핑하고 싶어!

준

あ! マッサージも受(う)けよう!

아 맛 사-지모우케요-

아! 마사지도 받자!

새단어

まず 마즈 ㊮ 일단, 우선, 먼저

TIP '연차를 내다'는 有休(ゆうきゅう)を取(と)る 또는 有休(ゆうきゅう)を使(つか)う라고 해요. 연차는 직장인이라면 누구나 누릴 수 있는 권리여서 '취하다'라는 뜻의 取(と)る와 '쓰다, 사용하다'라는 뜻의 使(つか)う를 쓰고 있어요.

STEP 5 패턴으로 응용해 보 GO!

실생활에서 접할 수 있는 여러 가지 상황을 생각하며 패턴으로 말해 보세요.

1 동사 의지형 + か ~할까?

동사 의지형에 か'를 붙이면 '~할까?'라는 뜻이 돼요. 상대방에게 무언가를 같이 하자고 권유하거나 제안할 때 쓰는 반말 표현이에요.

そろそろご飯(はん)食(た)べよう
소 로 소 로 고 한 타 베 요 -
슬슬 밥 먹을

家(いえ)に帰(かえ)ろう
이에 니 카에 로 -
집에 돌아갈

+ か。
카
까?

2 ~たい ~하고 싶다

~たい는 '~하고 싶다'라는 뜻으로 화자의 바람이나 희망을 나타낼 때 쓰는 표현이에요.

旅行(りょこう)し
료 코- 시
여행하

休(やす)み
야스 미
쉬

+ たい!
타 이
고 싶어!

새단어

そろそろ 소로소로 부 슬슬 | 家(いえ) 이에 명 집

STEP 6 연습 문제로 실력 다지GO!

1 음원을 듣고 빈칸에 들어갈 알맞은 말을 써 보세요. Track 14-07

①

②

2 음원을 듣고 아래의 내용이 맞으면 O, 틀리면 X 표시해 보세요. Track 14-08

① 대화 속 인물들은 함께 여행을 갈 예정이다.

② 대화 속 인물들은 현재 쇼핑을 하고 있다.

3 보기를 보고 빈칸에 들어갈 알맞을 말을 찾아 써 보세요.

보기

スケジュール　　マッサージ　　立(た)てる　　満喫(まんきつ)する

①
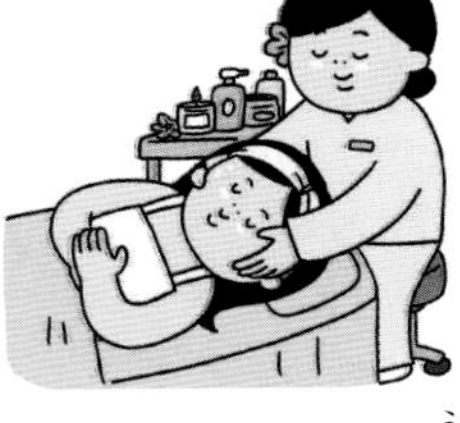

＿＿＿＿を受(う)ける

마사지를 받다

②

旅行(りょこう)を＿＿＿＿

여행을 만끽하다

4 빈칸에 들어갈 알맞은 표현을 써 보세요.

1

来月(らいげつ) ______ いいですか。

다음 달에 연차를 내도 될까요?

2

もう ______ のは止(や)めます。

이제 폭풍 쇼핑하는 것은 관둘래요.

5 빈칸에 들어갈 알맞은 말을 쓰고 말해 보세요.

1

______ 有休(ゆうきゅう)を取(と)ったよ！

겨우 연차를 냈어!

じゃあ、______ を立(た)てようか。

그럼 여행 스케줄을 짤까?

2

まず、______ に行(い)って爆買(ばくが)いしたい！

일단 쇼핑몰에 가서 폭풍 쇼핑하고 싶어!

あ！______ 受(う)けよう！

아! 마사지도 받자!

정답 p182

CHAPTER

15 | 회식

STEP 1 단어 알아보 GO!

음원을 들으며 제시된 단어를 따라 읽어 보세요. Track 15-01

단어	읽는 법	의미
売(う)り上(あ)げ	우리아게	명 매출
上(あ)がる	아가루	동 오르다
打(う)ち上(あ)げ	우치아게	명 뒤풀이
とことん	토코통	명 끝, 끝까지
飲(の)む	노무	동 마시다
お酒(さけ)	오사케	명 술
弱(よわ)い	요와이	형 약하다
強(つよ)い	츠요이	형 세다, 강하다

STEP 2 표현으로 말문 트 GO!

듣고 따라 말하기 ☑○○○○

음원을 들으며 제시된 표현을 따라 읽어 보세요.

Track 15-02

1

売り上げが上がる

우 리 아 게 가 아 가 루

매출이 오르다

2

打ち上げをする

우 치 아 게 오 스 루

뒤풀이를 하다

3

とことん飲む

토 코 톤 노 무

끝까지 마시다

4

お酒に弱い

오 사케 니 요와 이

술이 약하다

TIP 술을 잘 못 마신다는 뜻의 '술이 약하다'는 お酒に弱い라고 하고, '술의 도수가 약하다'고 말할 때는 お酒が弱い라고 해요.

5

お酒に強い

오 사케 니 츠요 이

술이 세다, 술이 강하다

STEP 3 말하 GO 써 보 GO!

반복 훈련하기 ☑○○○○

보통 Track 15-03 빠르게 Track 15-04

음원을 들으며 확장된 문장을 따라 읽어 보세요.

1. 売(う)り上(あ)げが上(あ)がりましたね!
우 리 아 게 가 아 가 리 마 시 타 네

2. 久(ひさ)しぶりに打(う)ち上(あ)げしましょうか。
히사 시 부 리 니 우 치 아 게 시 마 쇼 – 카

3. 今日(きょう)どこで打(う)ち上(あ)げする。
쿄– 도 코 데 우 치 아 게 스 루

4. 今日(きょう)はとことん飲(の)みましょう!
쿄– 와 토 코 톤 노 미 마 쇼 –

5. お酒(さけ)に弱(よわ)い人(ひと)はこれ飲(の)まない方(ほう)がいいよ。
오 사케 니 요와 이 히토 와 코 레 노 마 나 이 호– 가 이 – 요

6. 彼女(かのじょ)は誰(だれ)よりもお酒(さけ)に強(つよ)いです。
카노 죠 와 다레 요 리 모 오 사케 니 츠요 이 데 스

새단어

彼女(かのじょ) 카노죠 ㉢ 그녀 | 誰(だれ) 다레 ㉢ 누구 | ~より ~요리 ㊇ ~보다

제시된 우리말을 보고 일본어로 쓰고 말해 보세요.

1. 매출이 올랐네요!

   힌트 매출 売り上げ

2. 오랜만에 뒤풀이 할까요?

   힌트 뒤풀이 打ち上げ

3. 오늘 어디서 뒤풀이 할래?

   힌트 어디 どこ

4. 오늘은 끝까지 마십시다!

   힌트 끝, 끝까지 とことん

5. 술이 약한 사람은 이거 안 마시는 게 좋아.

   힌트 술 お酒

6. 그녀는 누구보다도 술이 세요.

   힌트 세다, 강하다 強い

STEP 4 상황 말해 보GO!

다음 대화를 듣고 따라 말해 보세요.

보통 Track 15-05 빠르게 Track 15-06

1

준

わー売(う)り上(あ)げが上(あ)がりましたね！

와 - 우 리 아 게 가 아 가 리 마 시 타 네

와~ 매출이 올랐네요!

사나

プロジェクトも終(お)わったから、打(う)ち上(あ)げしましょうか。

프 로 제 쿠 토 모 오 왓 타 카 라 우 치 아 게 시 마 쇼 - 카

프로젝트도 끝났으니까, 뒤풀이 할까요?

준

いいですね！今日(きょう)はとことん飲(の)みましょう！

이 - 데 스 네 쿄- 와 토 코 톤 노 미 마 쇼 -

좋네요! 오늘은 끝까지 마십시다!

2

사나

ジュンさんはだめですよ。お酒(さけ)に弱(よわ)いですから。

쥰 상 와 다 메 데 스 요 오 사케 니 요와 이 데 스 카 라

준 씨는 안 돼요. 술이 약하니까요.

새단어

プロジェクト 프로제쿠토 ⓜ 프로젝트 | 終(お)わる 오와루 ⓓ 끝나다 | だめだ 다메다 ⓗ 안 된다

TIP 우리나라에서는 상대방의 술잔이 비워지면 술을 따라주는 것이 매너지만, 일본에서는 상대방의 잔이 비기 전에 술을 더 따라주는 것이 매너예요. 상대방의 잔이 비기 직전에 どうぞ라고 말하면서 따라주면 돼요.

STEP 5 패턴으로 응용해 보 GO!

실생활에서 접할 수 있는 여러 가지 상황을 생각하며 패턴으로 말해 보세요.

1 わー 와~

わーは '와~'라는 뜻으로 놀라거나 감동했을 때 내는 감탄사예요.

わー
와 -
와~

＋

おめでとうございます。
오 메 데 토 - 고 자 이 마 스
축하드려요.

美味(おい)しそうですね。
오 이 시 소 - 데 스 네
맛있겠네요.

2 ~だめです ~안 돼요

~だめです는 '~안 돼요'라는 뜻으로 상대방의 좋지 않은 행동에 대해 정중하게 주의를 줄 때 쓰는 표현이에요.

撮影(さつえい)は
사츠 에- 와
촬영은

飲食(いんしょく)は
인 쇼쿠 와
음식은

＋

だめです。
다 메 데 스
안 돼요.

새단어

おめでとう 오메데토- 축하해 | 美味(おい)しい 오이시- ㊎ 맛있다 | 撮影(さつえい) 사츠에- ㊐ 촬영 | 飲食(いんしょく) 인쇼쿠 ㊐ 음식

STEP 6 연습 문제로 실력 다지GO!

1 음원을 듣고 빈칸에 들어갈 알맞은 말을 써 보세요. Track 15-07

❶

❷

2 음원을 듣고 아래의 내용이 맞으면 O, 틀리면 X 표시해 보세요. Track 15-08

❶ 그들은 뒤풀이를 할 예정이다.

❷ 준 씨는 술이 세다.

3 보기를 보고 빈칸에 들어갈 알맞을 말을 찾아 써 보세요.

보기

強(つよ)い　とことん　弱(よわ)い　売(う)り上(あ)げ

❶

＿＿＿＿が上(あ)がる

매출이 오르다

❷

＿＿＿＿飲(の)む

끝까지 마시다

4 빈칸에 들어갈 알맞은 표현을 써 보세요.

1

今日(きょう)どこで ______。

오늘 어디서 뒤풀이 할래?

2

お酒(さけ)に弱(よわ)い人(ひと)は ______。

술이 약한 사람은 이거 안 마시는 게 좋아.

5 빈칸에 들어갈 알맞은 말을 쓰고 말해 보세요.

1

わー売(う)り上(あ)げが______！

와~ 매출이 올랐네요!

______も終(お)わったから、打(う)ち上(あ)げしましょうか。

프로젝트도 끝났으니까, 뒤풀이 할까요?

2

いいですね！今日(きょう)は______！

좋네요! 오늘은 끝까지 마십시다!

ジュンさんはだめですよ。______。

준 씨는 안 돼요. 술이 약하니까요.

정답 p183

CHAPTER

16 | 퇴사

STEP 1 단어 알아보 GO!

음원을 들으며 제시된 단어를 따라 읽어 보세요.

Track 16-01

단어	읽는 법	의미
面接(めんせつ)	멘세츠	명 면접
受(う)ける	우케루	동 보다
退職(たいしょく)	타이쇼쿠	명 퇴사
勤務(きんむ)	킴무	명 근무
引(ひ)っ越(こ)し	힛코시	명 이사
転職(てんしょく)	텐쇼쿠	명 이직

STEP 2 표현으로 말문 트 GO!

듣고 따라 말하기 ☑○○○○

음원을 들으며 제시된 표현을 따라 읽어 보세요.

Track 16-02

1

めんせつ　う
面接を受ける　면접을 보다
멘 세츠 오 우 케 루

TIP 受(う)ける는 단순히 '시각적으로 보다'라는 의미의 見(み)る가 아니라 '치르다'라는 의미로 '면접을 보다', '시험을 보다'라고 말할 때 사용해요.

2

たいしょく
退職する　퇴사하다
타이쇼쿠 스 루

TIP 退社(たいしゃ)する는 '퇴근하다'라는 뜻 외에 '퇴사하다'라는 뜻도 있어요.

3

きんむ
勤務する　근무하다
킴 무 스 루

4

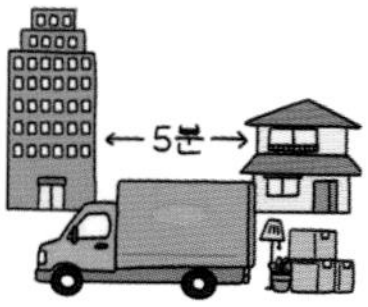

ひ　こ
引っ越しする　이사하다
힛 코 시 스 루

5

てんしょく
転職する　이직하다
텐 쇼쿠 스 루

STEP 3 말하GO 써 보GO!

반복 훈련하기 ☑○○○○

보통 Track 16-03 빠르게 Track 16-04

음원을 들으며 확장된 문장을 따라 읽어 보세요.

めんせつ　う　かいしゃ
1 面接を受けた会社はどうなったの。
멘세츠 오 우 케 타 카이 샤 와 도 – 낫 타 노

らいしゅう　たいしょく
2 来週、退職する。
라이 슈– 타이쇼쿠 스 루

きんむ　ばしょ　とお
3 勤務する場所は遠いの。
킴 무 스 루 바 쇼 와 토– 이 노

ほんてん　きんむ
4 本店に勤務することになりました。
혼 텐 니 킴 무 스 루 코 토 니 나 리 마 시 타

TIP ~ことになる는 '~하게 되다'는 뜻의 문형이에요.

とお　ひ　こ　よてい
5 遠いから引っ越しする予定。
토– 이 카 라 힛 코 시 스 루 요 테–

てんしょく　りれきしょ　か
6 転職するために履歴書を書いています。
텐 쇼쿠 스 루 타 메 니 리 레키 쇼 오 카 이 테 이 마 스

새단어

会社(かいしゃ) 카이샤 명 회사 | 来週(らいしゅう) 라이슈– 다음 주 | 場所(ばしょ) 바쇼 명 장소 | 遠い(とお) 토–이 형 멀다 | 本店(ほんてん) 혼텐 명 본점 | 予定(よてい) 요테– 명 예정 | ~ために ~타메니 ~위해서 | 履歴書(りれきしょ) 리레키쇼 명 이력서 | 書く(か) 카쿠 동 쓰다

제시된 우리말을 보고 일본어로 쓰고 말해 보세요.

1. 면접을 본 회사는 어떻게 됐어?

   힌트 회사 会社(かいしゃ)

2. 다음 주에 퇴사해.

   힌트 퇴사 退職(たいしょく)

3. 근무할 장소는 멀어?

   힌트 장소 場所(ばしょ)

4. 본점에 근무하게 되었어요.

   힌트 본점 本店(ほんてん)

5. 머니까 이사할 예정이야.

   힌트 예정 予定(よてい)

6. 이직하기 위해 이력서를 쓰고 있어요.

   힌트 이직 転職(てんしょく)

STEP 4 상황 말해 보 GO!

다음 대화를 듣고 따라 말해 보세요.

보통 Track 16-05 빠르게 Track 16-06

준

① 面接(めんせつ)を受(う)けた会社(かいしゃ)はどうなったの。

멘세츠 오 우 케 타 카이 샤 와 도 - 낫 타 노

면접을 본 회사는 어떻게 됐어?

사나

受(う)かったよ！ 来週(らいしゅう)、退職(たいしょく)する。

우 캇 타 요 라이 슈- 타이 쇼쿠 스 루

붙었어! 다음 주에 퇴사해.

준

おめでとう！ 勤務(きんむ)する場所(ばしょ)は遠(とお)いの。

오 메 데 토 - 킴 무 스 루 바 쇼 와 토- 이 노

축하해! 근무할 장소는 멀어?

사나

② 実家(じっか)から遠(とお)いから引(ひ)っ越(こ)しする予定(よてい)。

직 카 카 라 토- 이 카 라 힛 코 시 스 루 요 테-

본가에서 머니까 이사할 예정이야.

새단어

受(う)かる 우카루 ㉯ 붙다, 합격하다 | 実家(じっか) 직카 ㉱ 본가

STEP 5 패턴으로 응용해 보 GO!

실생활에서 접할 수 있는 여러 가지 상황을 생각하며 패턴으로 말해 보세요.

❶ どうなったの 어떻게 됐어?

どうなったの는 '어떻게 됐어?'라는 뜻으로 진행 상황이나 상태가 어떻게 되었는지를 물을 때 쓰는 표현이에요. の를 붙여서 말하면 좀 더 부드러운 뉘앙스를 줄 수 있어요.

彼(かれ)とは / 彼女(かのじょ)とは
카레 토 와 카노 죠 토 와
그와는 / 그녀와는

結末(けつまつ)は
케츠 마츠 와
결말은

＋ どうなったの。
도 - 낫 타 노
어떻게 됐어?

❷ 予定(よてい) 예정

予定(よてい)는 '예정'이라는 뜻으로 이미 정해진 계획이나 스케줄을 말할 때 사용해요. つもり와 다르게 구체적인 계획이 확정되지 않았을 때도 쓸 수 있어요.

来月(らいげつ)日本(にほん)に行(い)く
라이게츠니 혼 니 이 쿠
다음 달에 일본에 갈

10時(じゅうじ)に到着(とうちゃく)する
쥬- 지 니 토- 챠쿠 스 루
10시에 도착할

＋ 予定(よてい)。
요 테-
예정이야.

새단어

結末(けつまつ) 케츠마츠 ㉮ 결말 | 到着(とうちゃく)する 토-챠쿠스루 ㉯ 도착하다

STEP 6 연습 문제로 실력 다지GO!

1 음원을 듣고 빈칸에 들어갈 알맞은 말을 써 보세요. Track 16-07

①

②

2 음원을 듣고 아래의 내용이 맞으면 O, 틀리면 X 표시해 보세요. Track 16-08

① 여자는 면접에서 떨어졌다.

② 여자는 이사할 예정이다.

3 보기를 보고 빈칸에 들어갈 알맞을 말을 찾아 써 보세요.

보기

面接(めんせつ)　転職(てんしょく)　引(ひ)っ越(こ)し　退職(たいしょく)

①

______ する

퇴사하다

②

______ する

이직하다

4 빈칸에 들어갈 알맞은 표현을 써 보세요.

1

＿＿＿＿＿＿ ことになりました。

본점에 근무하게 되었어요.

2

転職(てんしょく)するために ＿＿＿＿＿＿。

이직하기 위해 이력서를 쓰고 있어요.

5 빈칸에 들어갈 알맞은 말을 쓰고 말해 보세요.

1

＿＿＿＿＿＿＿＿＿＿ 会社(かいしゃ)はどうなったの。

면접을 본 회사는 어떻게 됐어?

受(う)かったよ！ ＿＿＿＿＿＿＿＿＿＿。

붙었어! 다음 주에 퇴사해.

2

＿＿＿＿＿＿＿＿＿＿！ 勤務(きんむ)する場所(ばしょ)は遠(とお)いの。

축하해! 근무할 장소는 멀어?

実家(じっか)から遠(とお)いから ＿＿＿＿＿＿＿＿＿＿。

본가에서 머니까 이사할 예정이야.

정답 p183

CHAPTER

17 | 헤어 스타일

STEP 1 단어 알아보 GO!

음원을 들으며 제시된 단어를 따라 읽어 보세요. Track 17-01

단어	읽는 법	의미
イメチェン	이메첸	명 이미지 변신
パーマ	파–마	명 파마
かける	카케루	동 (파마를) 하다
髪(かみ)	카미	명 머리, 머리카락
いたむ	이타무	동 상하다
前髪(まえがみ)	마에가미	명 앞머리
切(き)る	키루	동 자르다
すく	스쿠	동 숱 치다

STEP 2 표현으로 말문 트 GO!

듣고 따라 말하기 ☑◯◯◯◯

음원을 들으며 제시된 표현을 따라 읽어 보세요.

Track 17-02

1

イメチェンする 이미지 변신하다

이 메 첸 스 루

TIP イメチェン은 イメージチェンジ의 줄임말이에요.

2

パーマをかける 파마를 하다

파 - 마 오 카 케 루

3

髪(かみ)がいたむ 머리가 상하다

카미 가 이 타 무

TIP '머리'를 작역하면 頭(あたま)이지만 '머리카락'은 髪(かみ)라고 해요.

4

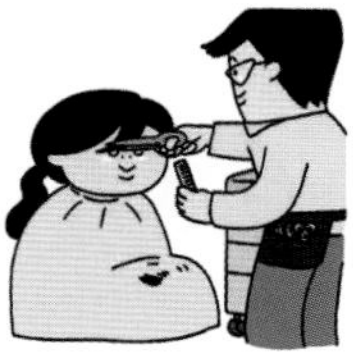

前髪(まえがみ)を切(き)る 앞머리를 자르다

마에가미 오 키 루

5

髪(かみ)をすく 머리숱을 치다

카미 오 스 쿠

STEP 3 말하 GO 써 보 GO!

반복 훈련하기 ☑○○○○

보통 Track 17-03 빠르게 Track 17-04

음원을 들으며 확장된 문장을 따라 읽어 보세요.

❶ 髪(かみ)を短(みじか)く切(き)ってイメチェンした。
카미 오 미지카 쿠 킷 테 이 메 첸 시 타

❷ パーマをかけるのはどうですか。
파 – 마 오 카 케 루 노 와 도 – 데 스 카

❸ 髪(かみ)がいたまないですか。
카미 가 이 타 마 나 이 데 스 카

❹ カラーは髪(かみ)がいたむよ。
카 라 – 와 카미 가 이 타 무 요

❺ 前髪(まえがみ)も切(き)りましょう。
마에 가미 모 키 리 마 쇼 –

❻ 髪(かみ)の毛(け)が多(おお)いので髪(かみ)をすいてください。
카미 노 케 가 오– 이 노 데 카미 오 스 이 테 쿠 다 사 이

새단어

短(みじか)い 미지카이 ㊕ 짧다 | カラー 카라– ㊔ 염색 | 毛(け) 케 ㊔ 털 | ~ので ~노데 ㊜ ~니까, ~므로

제시된 우리말을 보고 일본어로 쓰고 말해 보세요.

1. 머리를 짧게 자르고 이미지 변신했어.

   힌트 짧다 短(みじか)い

2. 파마를 하는 건 어때요?

   힌트 파마 パーマ

3. 머리가 상하지 않나요?

   힌트 상하다 いたむ

4. 염색은 머리가 상해.

   힌트 염색 カラー

5. 앞머리도 자릅시다.

   힌트 앞머리 前髪(まえがみ)

6. 머리숱이 많으니 숱을 쳐 주세요.

   힌트 많다 多(おお)い

STEP 4 상황 말해 보 GO!

다음 대화를 듣고 따라 말해 보세요.

보통 Track 17-05 | 빠르게 Track 17-06

미나

イメチェンしたくて……。
이 메 첸 시 타 쿠 테
이미지 변신하고 싶어서요…….

이발사

パーマをかけるのはどうですか。
파 - 마 오 카 케 루 노 와 도 - 데 스 카
파마를 하는 건 어때요?

미나

❶ 髪(かみ)がいたまないですか。
카미 가 이 타 마 나 이 데 스 카
머리가 상하지 않나요?

이발사

❷ トリートメントをしたら大丈夫(だいじょうぶ)です。
토 리 - 토 멘 토 오 시 타 라 다이죠- 부 데 스
트리트먼트를 하면 괜찮아요.

새단어

トリートメント 토리-토멘토 명 트리트먼트 | 大丈夫(だいじょうぶ)だ 다이죠-부다 형 괜찮다

TIP <앞머리 표현>

ぱっつん 일자 앞머리 | オールバック 올백 | オン眉(まゆ) 처피뱅

STEP 5 패턴으로 응용해 보GO!

실생활에서 접할 수 있는 여러 가지 상황을 생각하며 패턴으로 말해 보세요.

1 ~がいたまないですか ~이(가) 상하지 않나요?

~がいたまないですか는 '~이(가) 상하지 않나요?'라는 뜻으로 머리가 손상되거나 음식 등이 상했을 때 자주 사용하는 표현이에요.

すし
스 시
초밥

ぎゅうにゅう
규 - 뉴 -
우유

＋ がいたまないですか。
가 이 타 마 나 이 데 스 카
~이(가) 상하지 않나요?

2 ~たら大丈夫(だいじょうぶ)です ~하면 괜찮아요

~たら大丈夫(だいじょうぶ)です는 '~하면 괜찮아요'라는 뜻이에요. 한편 大丈夫(だいじょうぶ)는 상황에 따라 '괜찮다, 문제없다' 긍정의 의미로 사용되기도 하고, '괜찮다, 됐다' 거절이나 사양의 의미로 사용되는 경우도 있으니 뉘앙스 차이를 잘 알아 두세요.

練習(れんしゅう)をし
렌 슈- 오 시
연습을 하

手術(しゅじゅつ)をし
슈 쥬츠 오 시
수술을 하

＋ たら大丈夫(だいじょうぶ)です。
타 라 다이 죠- 부 데 스
면 괜찮아요.

새단어

すし 스시 명 초밥 | ぎゅうにゅう 규-뉴- 명 우유 | 練習(れんしゅう) 렌슈- 명 연습 | 手術(しゅじゅつ) 슈쥬츠 명 수술

STEP 6 연습 문제로 실력 다지GO!

1 음원을 듣고 빈칸에 들어갈 알맞은 말을 써 보세요. Track 17-07

1

2

2 음원을 듣고 아래의 내용이 맞으면 O, 틀리면 X 표시해 보세요. Track 17-08

1 대화를 나누고 있는 장소는 피부과이다.

2 여자는 이미지 변신을 하고 싶어 한다.

3 보기를 보고 빈칸에 들어갈 알맞을 말을 찾아 써 보세요.

보기

前髪(まえがみ)　かける　すく　いたむ

1

パーマを ________

파마를 하다

2

髪(かみ)を ________

머리숱을 치다

4 빈칸에 들어갈 알맞은 표현을 써 보세요.

1

(　　　　　　　　)イメチェンした。

머리를 짧게 자르고 이미지 변신했어.

2

カラーは(　　　　　　　　)。

염색은 머리가 상해.

5 빈칸에 들어갈 알맞은 말을 쓰고 말해 보세요.

1

______________________……。

이미지 변신하고 싶어서요…….

________________のはどうですか。

파마를 하는 건 어때요?

2

______________________ですか。

머리가 상하지 않나요?

トリートメントをし____________。

트리트먼트를 하면 괜찮아요.

정답 p184

CHAPTER

18 | 퍼스널 컬러

STEP 1 단어 알아보 GO!

음원을 들으며 제시된 단어를 따라 읽어 보세요. Track 18-01

단어	읽는 법	의미
血色(けっしょく)	켓쇼쿠	명 혈색
診断(しんだん)	신당	명 진단
受(う)ける	우케루	동 받다
印象(いんしょう)	인쇼-	명 인상
変(か)わる	카와루	동 바뀌다, 달라지다
勘違(かんちが)い	칸치가이	명 착각
垢(あか)	아카	명 때
抜(ぬ)ける	누케루	동 벗다

STEP 2 표현으로 말문 트 GO!

듣고 따라 말하기 ☑○○○○

음원을 들으며 제시된 표현을 따라 읽어 보세요.

Track 18-02

1

けっしょく
血色がいい
켓 쇼쿠 가 이 –

혈색이 좋다

2

しんだん　う
診断を受ける
신 당 오 우 케 루

진단을 받다

3
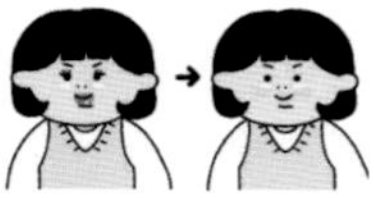

いんしょう　か
印象が変わる
인 쇼– 가 카 와 루

인상이 바뀌다,
인상이 달라지다

4

かんちが
勘違いする
칸 치가 이 스 루

착각하다

5

あか ぬ
垢抜ける
아카 누 케 루

때가 벗다,
촌티가 없이 세련되다

STEP 3 말하 GO 써 보 GO!

반복 훈련하기 ☑○○○○

보통 Track 18-03 빠르게 Track 18-04

음원을 들으며 확장된 문장을 따라 읽어 보세요.

❶ 今日(きょう)、なんだか血色(けっしょく)がいいね！
코-　난 다 카 켓 쇼쿠 가 이 - 네

❷ パーソナルカラー診断(しんだん)を受(う)けて、化粧(けしょう)変(か)えた。
파 - 소 나 루 카 라 - 신 당 오 우 케 테　케 쇼- 카 에 타

❸ なんだか印象(いんしょう)が変(か)わったよ！
난 다 카 인 쇼- 가 카 왓 타 요

❹ 髪(かみ)を切(き)って印象(いんしょう)が変(か)わりましたね。
카미 오 킷 테 인 쇼- 가 카 와 리 마 시 타 네

❺ 勘違(かんちが)いしてしまいました。
칸 치가 이 시 테 시 마 이 마 시 타

❻ アイシャドーの色(いろ)を変(か)えたら垢抜(あかぬ)けました。
아 이 샤 도 - 노 이로 오 카 에 타 라 아카 누 케 마 시 타

새단어

パーソナルカラー 파-소나루카라- 명 퍼스널 컬러 | 化粧(けしょう) 케쇼- 명 화장 | 変(か)える 카에루 동 바꾸다 | ~てしまう ~테시마우 ~해 버리다 | アイシャドー 아이샤도- 명 아이섀도 | 色(いろ) 이로 명 색, 색깔 | ~たら ~타라 ~했더니

제시된 우리말을 보고 일본어로 쓰고 말해 보세요.

1 오늘 왠지 혈색이 좋네!

힌트 왠지 なんだか

2 퍼스널 컬러 진단을 받고 화장 바꿨어.

힌트 진단 診断(しんだん)

3 왠지 인상이 달라졌어!

힌트 인상 印象(いんしょう)

4 머리를 자르고 인상이 바뀌었네요.

힌트 머리, 머리카락 髪(かみ)

5 착각해 버렸어요.

힌트 착각 勘違(かんちが)い

6 아이섀도 색을 바꿨더니 세련돼졌어요.

힌트 아이섀도 アイシャドー

STEP 4 상황 말해 보GO!

다음 대화를 듣고 따라 말해 보세요.

보통 Track 18-05 빠르게 Track 18-06

하루

① 今日(きょう)、なんだか血色(けっしょく)がいいね！

쿄- 난 다 카 켓 쇼 쿠 가 이 - 네

오늘 왠지 혈색이 좋네!

와카나

パーソナルカラー診断(しんだん)を受(う)けて、化粧(けしょう)変(か)えた。

파 - 소 나 루 카 라 - 신 당 오 우 케 테 케 쇼- 카 에 타

퍼스널 컬러 진단을 받고 화장 바꿨어.

하루

② やっぱり！印象(いんしょう)が変(か)わったよ！

얍 파 리 인 쇼- 가 카 왓 타 요

역시! 인상이 달라졌어!

와카나

今(いま)まで勘違(かんちが)いしてた。私(わたし)、ブルべだったよ。

이마 마 데 칸치가 이 시 테 타 와타시 부 루 베 닷 타 요

지금까지 착각하고 있었어. 나 쿨톤이었어.

새단어

今(いま)まで 이마마데 ㊄ 지금까지 | ブルべ 부루베 ㊎ 쿨톤

TIP ブルべ는 '쿨톤'이라는 뜻으로 ブルーベース의 줄임말이고, イエべ는 '웜톤'이라는 뜻으로 イエローベース의 줄임말이에요.

STEP 5 패턴으로 응용해 보 GO!

실생활에서 접할 수 있는 여러 가지 상황을 생각하며 패턴으로 말해 보세요.

❶ なんだか 왠지

なんだか는 '왠지'라는 뜻으로 원인이나 이유는 잘 모르지만 뚜렷한 이유도 없이 평소와 다르다고 느낄 때 사용하는 표현이에요.

なんだか
난 다카
왠지

＋

気分(きぶん)がいいです。
키 붕 가 이 - 데 스
기분이 좋아요.

幸(しあわ)せです。
시아와 세 데 스
행복해요.

❷ やっぱり 역시

やっぱり는 '역시'라는 뜻으로 やはり의 캐주얼한 표현이에요.

やっぱり!
얍 파 리
역시!

＋

そうだよ!
소 - 다 요
그렇지!

何度(なんど)見(み)ても素敵(すてき)!
난 도 미 테 모 스 테키
몇 번 봐도 멋져!

새단어

気分(きぶん) 키붕 명 기분 | 幸(しあわ)せ 시아와세 명 행복 | 何度(なんど) 난도 몇 번 | 素敵(すてき)だ 스테키다 형 멋지다, 훌륭하다

STEP 6 연습 문제로 실력 다지GO!

1 음원을 듣고 빈칸에 들어갈 알맞은 말을 써 보세요. Track 18-07

①

②

2 음원을 듣고 아래의 내용이 맞으면 O, 틀리면 X 표시해 보세요. Track 18-08

① 여자의 피부톤은 웜톤이다.

② 여자는 화장톤을 바꿨다.

3 보기를 보고 빈칸에 들어갈 알맞을 말을 찾아 써 보세요.

보기

血色(けっしょく)　受(う)ける　印象(いんしょう)　抜(ぬ)ける

①

＿＿＿＿がいい

혈색이 좋다

②

垢(あか)＿＿＿＿

때가 벗다, 촌티가 없이 세련되다

4 빈칸에 들어갈 알맞은 표현을 써 보세요.

1

髪(かみ)を切(き)って ________ 。

머리를 자르고 인상이 바뀌었네요.

2

________ を変(か)えたら垢抜(あかぬ)けました。

아이섀도 색을 바꿨더니 세련돼졌어요.

5 빈칸에 들어갈 알맞은 말을 쓰고 말해 보세요.

1

今日(きょう)、________ !

오늘 왠지 혈색이 좋네!

パーソナルカラー診断(しんだん)を受(う)けて、________ 。

퍼스널 컬러 진단을 받고 화장 바꿨어.

2

やっぱり！ ________ !

역시! 인상이 달라졌어!

今(いま)まで勘違(かんちが)いしてた。________ 。

지금까지 착각하고 있었어. 나 쿨톤이었어.

정답 p184

CHAPTER

19 | 병원

STEP 1 단어 알아보 GO!

음원을 들으며 제시된 단어를 따라 읽어 보세요.

Track 19-01

단어	읽는 법	의미
のど	노도	명 목
痛(いた)い	이타이	형 아프다
たん	탕	명 가래
咳(せき)	세키	명 기침
処方(しょほう)	쇼호-	명 처방
寒気(さむけ)	사무케	명 오한
熱(ねつ)	네츠	명 열

STEP 2 표현으로 말문 트 GO!

듣고 따라 말하기 ☑○○○○

음원을 들으며 제시된 표현을 따라 읽어 보세요.

Track 19-02

1

のどが痛(いた)い　목이 아프다

노 도 가 이타 이

TIP のど는 목 안쪽, 즉 '목구멍'을 뜻해요. 겉으로 보이는 '목'을 말할 때는 首(くび)라고 해요.

2

たんが出(で)る　가래가 나오다

탕 가 데 루

3

咳(せき)が出(で)る　기침이 나다

세키 가 데 루

4

処方(しょほう)する　처방하다

쇼 호- 스 루

5

寒気(さむけ)がする　오한이 나다

사무 케 가 스 루

6

熱(ねつ)が出(で)る　열이 나다

네츠 가 데 루

STEP 3 말하 GO 써 보 GO!

반복 훈련하기 ☑○○○○

음원을 들으며 확장된 문장을 따라 읽어 보세요.

보통 Track 19-03 빠르게 Track 19-04

① のどが痛(いた)くて、頭痛(ずつう)がひどいです。

노 도 가 이타 쿠 테 즈 츠- 가 히 도 이 데 스

② たんが出(で)ますか。

탕 가 데 마 스 카

③ 朝(あさ)から咳(せき)が出(で)ます。

아사 카 라 세키 가 데 마 스

④ 咳(せき)が出(で)て、夜(よる)ぐっすり寝(ね)られない。

세키 가 데 테 요루 굿 스 리 네 라 레 나 이

⑤ 三日分(みっかぶん)の薬(くすり)を処方(しょほう)しますね。

믹카 분 노 쿠스리 오 쇼 호- 시 마 스 네

TIP 수량이나 시간 명사 뒤에 오는 分(ぶん)은 분량의 뜻을 나타내요. '~치, ~분'이라고 해석하면 돼요.

⑥ 熱(ねつ)も出(で)て、寒気(さむけ)がする。

네츠 모 데 테 사무 케 가 스 루

새단어

頭痛(ずつう) 즈츠- 명 두통 | ひどい 히도이 형 심하다 | 朝(あさ)から 아사카라 부 아침부터 | 夜(よる) 요루 명 밤 | ぐっすり 굿스리 부 푹(깊이 잠든 모양) | ~分(ぶん) ~분 부 ~치, ~분(분량을 의미) | 薬(くすり) 쿠스리 명 약

제시된 우리말을 보고 일본어로 쓰고 말해 보세요.

1. 목이 아프고 두통이 심해요.

   힌트 두통 頭痛(ずつう)

2. 가래가 나와요?

   힌트 가래 たん

3. 아침부터 기침이 나요.

   힌트 기침 咳(せき)

4. 기침이 나서 밤에 푹 못 자(잘 수 없어).

   힌트 푹(깊이 잠든 모양) ぐっすり

5. 3일치 약을 처방할게요.

   힌트 약 薬(くすり)

6. 열도 나고, 오한이 나요.

   힌트 열 熱(ねつ)

STEP 4 상황 말해 보GO!

다음 대화를 듣고 따라 말해 보세요.

보통 Track 19-05 / 빠르게 Track 19-06

하루토

❶ 昨日(きのう)からのどが痛(いた)くて、頭痛(ずつう)**がひどい**です。

키노- 카 라 노 도 가 이타 쿠 테 즈 츠- 가 히 도 이 데 스

어제부터 목이 아프고 두통이 심해요.

의사

たんが出(で)ますか。

탕 가 데 마 스 카

가래가 나와요?

하루토

はい。❷ **あと**、咳(せき)が出(で)ます。

하 이 아 토 세키 가 데 마 스

네, 그리고 기침이 나요.

의사

風邪(かぜ)です。三日分(みっかぶん)の薬(くすり)を処方(しょほう)しますね。

카 제 데 스 믹카 분 노쿠스리 오 쇼 호- 시 마 스 네

감기예요. 3일치 약을 처방할게요.

새단어

あと 아토 ㊕ 그리고 | 風邪(かぜ) 카제 ㊔ 감기

TIP 일본에서는 예전부터 감기를 치료하는 유명한 민간 요법이 있는데, 그중 하나가 바로 구운 파를 목에 감는 거예요. 갓 구운 파가 뜨끈해서 목에 두루면 땀이 싹 빠지면서 개운함을 느낄 수 있다고 해요. 그 밖에도 따뜻하게 데운 술에 설탕과 계란을 넣은 후 계란 주를 마시는 것과 무에 꿀을 뿌려 먹는 것이 있어요.

STEP 5 패턴으로 응용해 보 GO!

실생활에서 접할 수 있는 여러 가지 상황을 생각하며 패턴으로 말해 보세요.

1 ～がひどい ~이(가) 심하다

~がひどい는 '~이(가) 심하다'라는 뜻으로 정도나 상태가 매우 심한 상태를 나타낼 때 사용해요.

腹痛(ふくつう)
후쿠 츠-
복통

寒気(さむけ)
사무 케
오한

+

がひどいです。
가 히 도 이 데 스
이(가) 심해요.

2 あと 그리고

あと는 '그리고'라는 뜻으로 앞에서 말한 것과 관련해서 뒤에 더 이어서 말할 때 사용해요.

あと、
아 토
그리고

+

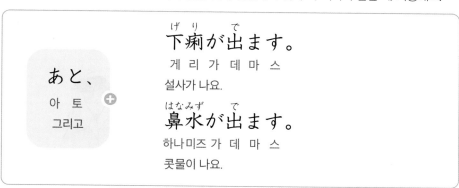

下痢(げり)が出(で)ます。
게 리 가 데 마 스
설사가 나요.

鼻水(はなみず)が出(で)ます。
하나미즈 가 데 마 스
콧물이 나요.

새단어

腹痛(ふくつう) 후쿠츠- 명 복통 | 下痢(げり) 게리 명 설사 | 鼻水(はなみず) 하나미즈 명 콧물

STEP 6 연습 문제로 실력 다지GO!

1 음원을 듣고 빈칸에 들어갈 알맞은 말을 써 보세요. Track 19-07

①

②

2 음원을 듣고 아래의 내용이 맞으면 O, 틀리면 X 표시해 보세요. Track 19-08

① 남자는 감기에 걸렸다.

② 남자는 복통이 심하다.

3 보기를 보고 빈칸에 들어갈 알맞을 말을 찾아 써 보세요.

보기

のど　寒気(さむけ)　咳(せき)　たん

①

＿＿＿＿が出(で)る

가래가 나오다

②

＿＿＿＿がする

오한이 나다

4 빈칸에 들어갈 알맞은 표현을 써 보세요.

1 

のどが痛(いた)くて、 ______

목이 아프고 두통이 심해요.

2 

______ 、夜(よる)ぐっすり寝(ね)られない。

기침이 나서 밤에 푹 못 자(잘 수 없어).

5 빈칸에 들어갈 알맞은 말을 쓰고 말해 보세요.

1  ______、頭痛(ずつう)がひどいです。

어제부터 목이 아프고 두통이 심해요.

 ______。

가래가 나와요?

2  はい。あと、______。

네, 그리고 기침이 나요.

 風邪(かぜ)です。三日分(みっかぶん)の薬(くすり)を______。

감기예요. 3일치 약을 처방할게요.

정답 p185

CHAPTER

20 | 다이어트

STEP 1 단어 알아보 GO!

음원을 들으며 제시된 단어를 따라 읽어 보세요. Track 20-01

단어	읽는 법	의미
リバウンド	리바운도	명 요요
効果(こうか)	코-카	명 효과
ある	아루	동 있다
長続き(ながつづき)	나가츠즈키	명 오래 유지함, 오래 계속함
脂肪(しぼう)	시보-	명 지방
へらす	헤라스	동 줄이다
ジム	지무	명 헬스클럽
通う(かよう)	카요우	동 다니다

STEP 2 표현으로 말문 트 GO!

듣고 따라 말하기

음원을 들으며 제시된 표현을 따라 읽어 보세요.

Track 20-02

❶ 

リバウンドする
리 바 운 도 스 루

요요가 오다

❷ 

こうか
効果がない
코- 카 가 나 이

효과가 없다

❸ 

こうか
効果がある
코- 카 가 아 루

효과가 있다

❹ 

ながつづ
長続きする
나가츠즈 키 스 루

오래 유지하다,
오래 계속하다

❺ 

しぼう
脂肪をへらす
시 보- 오 헤 라 스

지방을 줄이다

❻ 

かよ
ジムに通う
지 무 니 카요 -

헬스클럽에 다니다

STEP 3 말하 GO 써 보 GO!

반복 훈련하기 ☑○○○○

음원을 들으며 확장된 문장을 따라 읽어 보세요.

보통 Track 20-03 빠르게 Track 20-04

1. リバウンドしたよ。
   리 바 운 도 시 타 요

2. 食(た)べないダイエットは効果(こうか)がない。
   타 베 나 이 다 이 엣 토 와 코– 카 가 나 이

3. この薬(くすり)は効果(こうか)がある。
   코 노 쿠스리 와 코– 카 가 아 루

4. ダイエットが長続(ながつづ)きする方法(ほうほう)はないかな。
   다 이 엣 토 가 나가 츠즈 키 스 루 호– 호– 와 나 이 카 나

   TIP ~かな는 '~려나, ~일까'라는 뜻으로 혼잣말로 의문을 나타내는 표현이에요.

5. 脂肪(しぼう)をへらすしかない。
   시 보– 오 헤 라 스 시 카 나 이

6. 毎日(まいにち)ジムに通(かよ)っています。
   마이 니치 지 무 니 카욧 테 이 마 스

새단어

食(た)べないダイエット 타베나이 다이엣토 명 굶는 다이어트 | 方法(ほうほう) 호–호– 명 방법

제시된 우리말을 보고 일본어로 쓰고 말해 보세요.

1. 요요가 왔어.

   힌트 요요 リバウンド

2. 굶는 다이어트는 효과가 없어.

   힌트 효과 効果(こうか)

3. 이 약은 효과가 있어.

   힌트 약 薬(くすり)

4. 다이어트를 오래 유지하는 방법은 없으려나.

   힌트 방법 方法(ほうほう)

5. 지방을 줄이는 수밖에 없어.

   힌트 지방 脂肪(しぼう)

6. 매일 헬스클럽에 다니고 있어.

   힌트 헬스클럽 ジム

STEP 4 상황 말해 보 GO!

다음 대화를 듣고 따라 말해 보세요.

보통 Track 20-05 빠르게 Track 20-06

미나 **ショック…… リバウンドしたよ。**
쇽 쿠 리 바 운 도 시 타 요
충격이야…… 요요가 왔어.

리쿠 **言(い)った❶じゃん。食(た)べないダイエットは効果(こうか)がないよ。**
잇 타 쟝 타 베 나 이 다 이 엣 토 와 코- 카 가 나 이 요
말했잖아. 굶는 다이어트는 효과가 없어.

미나 **長続(ながつづ)きする方法(ほうほう)はないかな。**
나가츠즈 키 스 루 호- 호- 와 나 이 카 나
오래 유지하는 방법은 없으려나.

리쿠 **運動(うんどう)して脂肪(しぼう)をへらす❷しかない。**
운 도- 시 테 시 보- 오 헤 라 스 시 카 나 이
운동해서 지방을 줄이는 수밖에 없어.

새단어

ショック 쇽쿠 ⓜ 충격, 쇼크 | 言(い)う 이우 ⓢ 말하다 | 運動(うんどう)する 운도-스루 ⓢ 운동하다

TIP 다이어트를 한다고 말은 하면서도 정작 다이어트를 못하는 사람을 万年(まんねん)ダイエッター라고 해요. 万年(まんねん)은 '만년, 아주 오랜 기간'이라는 의미가 있고, ダイエッター는 '다이어트 중인 사람'이라는 뜻이에요.

STEP 5 패턴으로 응용해 보 GO!

실생활에서 접할 수 있는 여러 가지 상황을 생각하며 패턴으로 말해 보세요.

① ~じゃん ~잖아

~じゃん은 '~잖아'라는 뜻으로 상대방도 이미 알고 있는 내용을 다시금 확인할 때, 또는 상대방에게 주의를 줄 때도 사용할 수 있어요.

食(た)べた
타 베 타
먹었

教(おし)えた
오시에 타
알려줬

➕ じゃん。
쟝
잖아.

② ~しかない ~밖에 없다

~しかない는 '~밖에 없다'라는 뜻으로 다른 방법이나 선택지가 없거나 어쩔 수 없을 때 쓰는 표현이에요.

我慢(がまん)する
가 만 스 루
참는

行(い)く
이 쿠
가는

➕ しかない。
시 카 나 이
수밖에 없어.

새단어

教(おし)える 오시에루 ㊐ 가르치다 | 我慢(がまん)する 가만스루 ㊐ 참다

STEP 6 연습 문제로 실력 다지GO!

1 음원을 듣고 빈칸에 들어갈 알맞은 말을 써 보세요. Track 20-07

①

②

2 음원을 듣고 아래의 내용이 맞으면 O, 틀리면 X 표시해 보세요. Track 20-08

① 여자는 요요가 왔다.

② 남자는 굶는 다이어트가 효과가 있다고 생각한다.

3 보기를 보고 빈칸에 들어갈 알맞을 말을 찾아 써 보세요.

보기

リバウンド　長続き(ながつづき)　効果(こうか)　へらす

① 

＿＿＿＿する

요요가 오다

② 

＿＿＿＿がある

효과가 있다

4 빈칸에 들어갈 알맞은 표현을 써 보세요.

1 

この薬(くすり)は ______________ 。

이 약은 효과가 없어요.

2 

______________ 通(かよ)っています。

매일 헬스클럽에 다니고 있어.

5 빈칸에 들어갈 알맞은 말을 쓰고 말해 보세요.

1 

ショック…… ______________。

충격이야…… 요요가 왔어.

言(い)ったじゃん。______________は効果(こうか)がないよ。

말했잖아. 굶는 다이어트는 효과가 없어.

2 

______________はないかな。

오래 유지하는 방법은 없으려나.

運動(うんどう)して______________。

운동해서 지방을 줄이는 수밖에 없어.

정답 p185

GO! 독학
일본어 상황 표현
222

부록

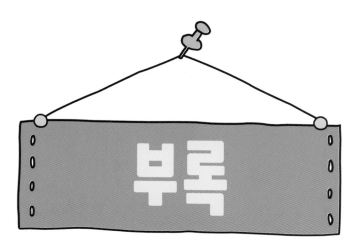

연습 문제 정답

1 정주행

1
① このお菓子(かし)にすっかりはまってしまって。
② この映画(えいが)は公開日(こうかいび)に見(み)たよ。

2
① X　② O

3
① クマ　② すっかり

4
① 一気見(いっきみ)しました　② 倍速(ばいそく)して見(み)たよ

5
① どうしたの / 恋愛(れんあい)リアリティ番組(ばんぐみ)
② もしかして / 早(はや)く見(み)たくて

2 게임

1
① 少(すこ)し休(やす)もうかな。
② ねー、静(しず)かにして。

2
① X　② O

3
① イライラ　② ほどほどに

4
① クリアしました　② アイテムをやっと

5
① 全然(ぜんぜん)クリアできない / イライラしないで
② 課金(かきん)しようかな / ほどほどにして

3 덕질

1 ① グッズを買(か)うつもり。

② 時間(じかん)がかかるね。

2 ① X　② O

3 ① 全通(ぜんつう)　② ペンライト

4 ① 取(と)っておきました　② 譲(ゆず)ってください

5 ① 全通(ぜんつう)したいよ / チケットを取(と)るの

② チケットを譲(ゆず)って / お金(かね)がかかる

4 애니메이션

1 ① 問題(もんだい)になってますよね。

② 食(た)べないでください！

2 ① O　② X

3 ① 絶賛(ぜっさん)　② ネタバレ

4 ① その映画(えいが)　② 絶対禁止(ぜったいきんし)だよ

5 ① 実写化(じっしゃか)されました / 話題(わだい)になって

② 絶賛(ぜっさん)していますよ / ネタバレしないで

연습 문제 정답

5 사진

1 ① どのメニューにする。

② 料理(りょうり)がでてきた！

2 ① O　② X

3 ① 記念写真(きねんしゃしん)　② サングラス

4 ① カチューシャを付(つ)ける　② 盛(も)れてるね

5 ① 記念写真(きねんしゃしん)を撮(と)ろう / カチューシャを付(つ)ける

② カチューシャじゃなくてサングラスをかける / 写真(しゃしん)出(で)てきた

6 맛집

1 ① 遊(あそ)びに行(い)かない。

② サービスもいいみたい。

2 ① X　② O

3 ① 番組(ばんぐみ)　② 口(くち)コミ

4 ① 遠出(とおで)します　② よだれが出(で)るね

5 ① ご飯(はん)食(た)べない / グルメ番組(ばんぐみ)に出(で)た

② 口(くち)コミもいいみたい

7 캠핑

1 ① 明日(あした)帰(かえ)るんです。

② ダイエットしたらどうですか。

2 ① X　　② O

3 ① テント　　② ぼーっと

4 ① 一人(ひとり)でキャンプ　　② 車中泊(しゃちゅうはく)できる

5 ① 毎週末(まいしゅうまつ) / 一人(ひとり)でテントを張(は)る

② 焚火(たきび)をぼーっと見(み)る / 車中泊(しゃちゅうはく)したらどうですか

8 반려견

1 ① 提出(ていしゅつ)しなくてもいい。

② ここに座(すわ)ってもいいですか。

2 ① X　　② X

3 ① 付(つ)ける　　② あげる

4 ① いい思(おも)い出(で)を作(つく)ろう　　② 犬(いぬ)にトイレのしつけをする

5 ① 愛犬(あいけん)と / リードを付(つ)けなくてもいいですよ

② てもいいですか

연습 문제 정답

9 미팅

1 ① 別(わか)れたんだって。

② 元気(げんき)にしてるの。

2 ① O ② X

3 ① 合(ごう)コン ② 交換(こうかん)する

4 ① 毎日連絡(まいにちれんらく)が続(つづ)く ② デートに誘(さそ)われました

5 ① 合(ごう)コンしたんだって / 連絡先(れんらくさき)を交換(こうかん)した

② 連絡続(れんらくつづ)いてるの / 行(い)くか悩(なや)んでる

10 썸

1 ① こんなに仲(なか)がいいです。

② 早(はや)く起(お)きないと。

2 ① O ② X

3 ① 気持(きも)ち ② 駆(か)け引(ひ)き

4 ① うまくいきますよ ② 気(き)が合(あ)いますね

5 ① うまくいってる / 初(はじ)めてだよ

② 気持(きも)ちを伝(つた)えてみなよ / 駆(か)け引(ひ)きしないと

11 연애

1 ① 遅刻してごめんね。

② そんなに怒らないでくれる。

2 ① O ② X

3 ① いちゃいちゃ ② 嫉妬

4 ① 寝落ちしてごめんね ② 抱きしめて寝ます

5 ① 通話しながら / ぎゅっと抱きしめてくれたら

② いちゃいちゃしないでくれる / 嫉妬してる

12 이별

1 ① こんなに覚えるのは難しいですね。

② 遊びに行きましょう！

2 ① X ② O

3 ① 振る ② 飲み

4 ① 見る目がないよね ② 遠距離恋愛をする

5 ① 恋人に振られました / いい人と別れるなんて

② 難しいですね / 飲みに行きましょう

연습 문제 정답

13 월급

1 ① 掃除(そうじ)しないといけない。

② ちゃんと確認(かくにん)しました。

2 ① O ② X

3 ① 入(はい)る ② 節約(せつやく)

4 ① 節約(せつやく)しています ② 貯金(ちょきん)するようにしています

5 ① 給料(きゅうりょう)が入(はい)るよ / 給料(きゅうりょう)が入(はい)っても節約(せつやく)し

② ごちそうするよ / ちゃんと貯金(ちょきん)する

14 휴가

1 ① 家(いえ)に帰(かえ)ろうか。

② 旅行(りょこう)したい！

2 ① O ② X

3 ① マッサージ ② 満喫(まんきつ)する

4 ① 有休(ゆうきゅう)を取(と)っても ② 爆買(ばくが)いする

5 ① やっと / 旅行(りょこう)のスケジュール

② ショッピングモール / マッサージも

15 회식

1 ① わーおめでとうございます。

② 撮影はだめです。

2 ① O　② X

3 ① 売り上げ　② とことん

4 ① 打ち上げする　② これ飲まない方がいいよ

5 ① 上がりましたね / プロジェクト

② とことん飲みましょう / お酒に弱いですから

16 퇴사

1 ① 結末はどうなったの。

② 来月日本に行く予定。

2 ① X　② O

3 ① 退職　② 転職

4 ① 本店に勤務する　② 履歴書を書いています

5 ① 面接を受けた / 来週、退職する

② おめでとう / 引っ越しする予定

연습 문제 정답

17 헤어 스타일

1 ① すしがいたまないですか。
② 練習(れんしゅう)をしたら大丈夫(だいじょうぶ)です。

2 ① X ② O

3 ① かける ② すく

4 ① 髪(かみ)を短(みじか)く切(き)って ② 髪(かみ)がいたむよ

5 ① イメチェンしたくて / パーマをかける
② 髪(かみ)がいたまない / たら大丈夫(だいじょうぶ)です

18 퍼스널 컬러

1 ① なんだか気分(きぶん)がいいです。
② やっぱり！何度見(なんどみ)ても素敵(すてき)！

2 ① X ② O

3 ① 血色(けっしょく) ② 抜(ぬ)ける

4 ① 印象(いんしょう)が変(か)わりましたね ② アイシャドーの色(いろ)

5 ① なんだか血色(けっしょく)がいいね / 化粧(けしょう)変(か)えた
② 印象(いんしょう)が変(か)わったよ / 私(わたし)、ブルベだったよ

19 병원

1 ① 腹痛(ふくつう)がひどいです。

② あと、鼻水(はなみず)が出(で)ます。

2 ① O ② X

3 ① たん ② 寒気(さむけ)

4 ① 頭痛(ずつう)がひどいです ② 咳(せき)が出(で)て

5 ① 昨日(きのう)からのどが痛(いた)くて / たんが出(で)ますか

② 咳(せき)が出(で)ます / 処方(しょほう)しますね

20 다이어트

1 ① 教(おし)えたじゃん。

② 我慢(がまん)するしかない。

2 ① O ② X

3 ① リバウンド ② 効果(こうか)

4 ① 効果(こうか)がありません ② 毎日(まいにち)ジムに

5 ① リバウンドしたよ / 食(た)べないダイエット

② 長続(ながつづ)きする方法(ほうほう) / 脂肪(しぼう)をへらすしかない

일본어 쓰기 노트

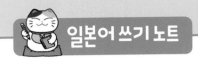

다음 제시된 일본어 문장을 한국어로 써 보세요.

❶ クマができてるよ!

❷ ネットフリックスで一気見(いっきみ)しました。

❸ 早(はや)く見(み)たくて倍速(ばいそく)して見(み)たよ。

❹ ゲームを全部(ぜんぶ)クリアしました。

❺ そんなにイライラしないでよ。

❻ ゲームはほどほどにしてよ。

다음 제시된 한국어 문장을 일본어로 써 보고 말해 보세요.

❶ 다크서클이 생겼어!

❷ 넷플릭스로 정주행했어.

❸ 빨리 보고 싶어서 배속해서 봤어.

❹ 게임을 전부 깼어요.

❺ 그렇게 짜증내지 마.

❻ 게임은 적당히 해.

일본어 쓰기 노트

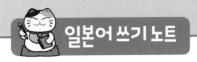

다음 제시된 일본어 문장을 한국어로 써 보세요.

⑦ コンサート全通(ぜんつう)したいよ。

⑧ チケットを取(と)っておきました。

⑨ チケットを買(か)うのはお金(かね)がかかるね。

⑩ アニメが実写化(じっしゃか)されました。

⑪ 原作者(げんさくしゃ)も絶賛(ぜっさん)していますよ。

⑫ ネタバレするのは絶対禁止(ぜったいきんし)だよ。

다음 제시된 한국어 문장을 일본어로 써 보고 말해 보세요.

❼ 콘서트 올콘 뛰고 싶어.

❽ 티켓을 사 두었어요.

❾ 티켓을 사는 것은 돈이 드네.

❿ 애니메이션이 실사화 됐어요.

⓫ 원작자도 극찬하고 있어요.

⓬ 스포하는 것은 절대 금지야.

일본어 쓰기 노트

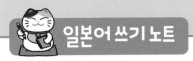

다음 제시된 일본어 문장을 한국어로 써 보세요.

⑬ 記念写真(きねんしゃしん)を撮(と)ろう！

⑭ このカチューシャを付(つ)けると似合(にあ)いますよ。

⑮ この写真(しゃしん)盛(も)れてるね！

⑯ 久(ひさ)しぶりに車(くるま)で遠出(とおで)します。

⑰ 口(くち)コミもいいみたい。

⑱ 今(いま)からよだれが出(で)るね。

다음 제시된 한국어 문장을 일본어로 써 보고 말해 보세요.

⑬ 기념사진을 찍자!

⑭ 이 머리띠를 하면 어울려요.

⑮ 이 사진 잘 나왔네!

⑯ 오랜만에 차로 멀리 나가요.

⑰ 후기도 좋은 것 같아.

⑱ 벌써부터 군침이 도네.

일본어 쓰기 노트

다음 제시된 일본어 문장을 한국어로 써 보세요.

⑲ 一人(ひとり)でキャンプに行(い)くんです。

⑳ 焚火(たきび)をぼーっと見(み)るのが大好(だいす)きなんです。

㉑ 車中泊(しゃちゅうはく)したらどうですか。

㉒ 最後(さいご)の夏休(なつやす)みだし、いい思(おも)い出(で)を作(つく)ろう!

㉓ リードを付(つ)けなくてもいいですよ。

㉔ おやつをあげてもいいですか。

다음 제시된 한국어 문장을 일본어로 써 보고 말해 보세요.

⑲ 혼자서 캠핑을 가요.

⑳ 모닥불을 멍하니 보는 게 너무 좋거든요.

㉑ 차박하는 게 어때요?

㉒ 마지막 여름방학이기도 하고 좋은 추억을 만들자!

㉓ 목줄을 안 매도 돼요.

㉔ 간식을 줘도 될까요?

일본어 쓰기 노트

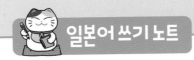

다음 제시된 일본어 문장을 한국어로 써 보세요.

㉕ 昨日(きのう)、合(ごう)コンしたんだって。

㉖ 連絡先(れんらくさき)を交換(こうかん)した人(ひと)はいるよ。

㉗ 初(はじ)めてデートに誘(さそ)われました。

㉘ 今回(こんかい)はうまくいきますよ!

㉙ 私(わたし)たちなんだか気(き)が合(あ)いますね。

㉚ こんなに気(き)が合(あ)う人(ひと)は初(はじ)めてだよ。

다음 제시된 한국어 문장을 일본어로 써 보고 말해 보세요.

㉕ 어제 미팅했다면서?

㉖ 연락처를 교환한 사람은 있어.

㉗ 처음으로 데이트를 신청받았어요.

㉘ 이번에는 잘될 거예요!

㉙ 우리 왠지 마음이 잘 맞네요.

㉚ 이렇게 잘 통하는 사람은 처음이야.

일본어 쓰기 노트

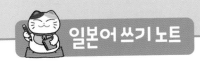

다음 제시된 일본어 문장을 한국어로 써 보세요.

31 通話(つうわ)しながら寝落(ねお)ちしてごめんね。

32 ドラマ見(み)ながら寝落(ねお)ちしてしまいました。

33 もしかして嫉妬(しっと)してる。

34 昨日(きのう)恋人(こいびと)に振(ふ)られました。

35 遠距離(えんきょり)恋愛(れんあい)をするのは難(むずか)しいですね。

36 飲(の)みに行(い)きましょう!

다음 제시된 한국어 문장을 일본어로 써 보고 말해 보세요.

31 통화하다가 잠들어서 미안해.

32 드라마 보다가 잠들어 버렸어요.

33 혹시 질투하니?

34 어제 애인에게 차였어요.

35 장거리 연애를 하는 건 어렵네요.

36 술 마시러 가요!

일본어 쓰기 노트

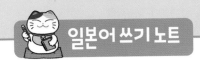

다음 제시된 일본어 문장을 한국어로 써 보세요.

㊲ 今日(きょう)、給料(きゅうりょう)が入(はい)るよ!

㊳ あと一週間節約(いっしゅうかんせつやく)しないといけないよ。

㊴ じゃあ、これは私(わたし)がごちそうするよ。

㊵ 来月有休(らいげつゆうきゅう)を取(と)ってもいいですか。

㊶ 旅行(りょこう)のスケジュールを立(た)てようか。

㊷ あとでマッサージも受(う)けよう!

다음 제시된 한국어 문장을 일본어로 써 보고 말해 보세요.

37 오늘 월급이 들어와!

38 앞으로 일주일 아껴야 해.

39 그럼 이건 내가 한턱낼게.

40 다음 달에 연차를 내도 될까요?

41 여행 스케줄을 짤까?

42 이따가 마사지도 받자!

일본어 쓰기 노트

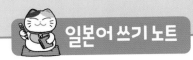

다음 제시된 일본어 문장을 한국어로 써 보세요.

43 売(う)り上(あ)げが上(あ)がりましたね!

44 今日(きょう)どこで打(う)ち上(あ)げする。

45 今日(きょう)はとことん飲(の)みましょう!

46 面接(めんせつ)を受(う)けた会社(かいしゃ)はどうなったの。

47 来週(らいしゅう)、退職(たいしょく)する。

48 遠(とお)いから引(ひ)っ越(こ)しする予定(よてい)。

다음 제시된 한국어 문장을 일본어로 써 보고 말해 보세요.

43 매출이 올랐네요!

44 오늘 어디서 뒤풀이 할래?

45 오늘은 끝까지 마십시다!

46 면접을 본 회사는 어떻게 됐어?

47 다음 주에 퇴사해.

48 머니까 이사할 예정이야.

일본어 쓰기 노트

다음 제시된 일본어 문장을 한국어로 써 보세요.

49 髪(かみ)を短(みじか)く切(き)ってイメチェンした。

50 パーマをかけるのはどうですか。

51 カラーは髪(かみ)がいたむよ。

52 今日(きょう)、なんだか血色(けっしょく)がいいね！

53 パーソナルカラー診断(しんだん)を受(う)けて、化粧(けしょう)変(か)えた。

54 髪(かみ)を切(き)って印象(いんしょう)が変(か)わりましたね。

다음 제시된 한국어 문장을 일본어로 써 보고 말해 보세요.

49 머리를 짧게 자르고 이미지 변신했어.

50 파마를 하는 건 어때요?

51 염색은 머리가 상해.

52 오늘 왠지 혈색이 좋네!

53 퍼스널 컬러 진단을 받고 화장 바꿨어.

54 머리를 자르고 인상이 바뀌었네요.

일본어 쓰기 노트

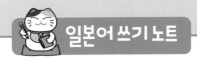

다음 제시된 일본어 문장을 한국어로 써 보세요.

55 のどが痛(いた)くて、頭痛(ずつう)がひどいです。

56 たんが出(で)ますか。

57 三日分(みっかぶん)の薬(くすり)を処方(しょほう)しますね。

58 リバウンドしたよ。

59 脂肪(しぼう)をへらすしかない。

60 毎日(まいにち)ジムに通(かよ)っています。

다음 제시된 한국어 문장을 일본어로 써 보고 말해 보세요.

55 목이 아프고 두통이 심해요.

56 가래가 나와요?

57 3일치 약을 처방할게요.

58 요요가 왔어.

59 지방을 줄이는 수밖에 없어.

60 매일 헬스클럽에 다니고 있어.

메모

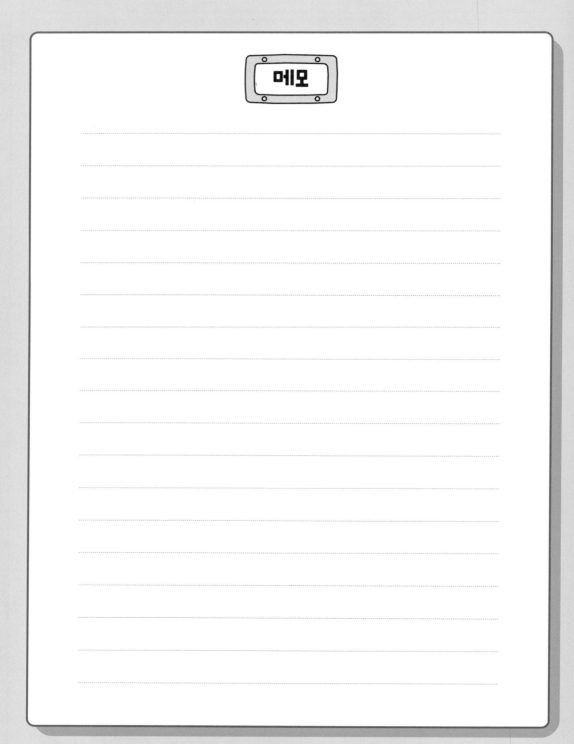

메모